JN099288

中小企業診断士試験

新版

財務・会計 速答テクニック

KECビジネススクール
平野　純一［著］

同友館

はじめに

本書の対象読者は，主に「独学で中小企業診断士1次試験を目指す」受験生や，スクール等に通いながらも「財務・会計に苦手意識がある」「財務・会計に特に苦手意識はないが計算問題について時間がタイトに感じる」受験生を想定しています。

内容は「頻出の計算問題」と「一部の重要理論問題」を取り上げていますが，性質上財務・会計のすべての分野を網羅しているわけではありません。したがって，財務・会計について本書のみで学習するのではなく，他の基本書やスクールの講義等ですでに一通り学習している方の**「重要論点の理解」**と**「本試験対応力の向上」**を企図しています。

類書と比べた本書の特色を述べると，おおむね以下の5点が挙げられます。

① 過去問題の出題傾向から，頻出かつ一定の学習で取れるところに範囲を絞る

中小企業診断士1次試験全体にいえることですが，100点を目指すととんでもない範囲の学習量が必要になります。経営法務1科目でも，出題される全部の法律についての基本的な解説書を積み上げれば軽く2メートルを超えます。財務・会計についても，例えば「原価計算」が出題されますが，岡本清先生の名著『原価計算』は990ページもあります。本気でやればその部分だけでも何百時間もの学習量も必要になります。また，キャッシュフロー計算書や経営分析・連結会計等も，それぞれ単独で1冊の解説書が出版されています。そこで，本書では頻出かつ出題されれば得点できる可能性の高い10の分野に絞っています。

② 一般の問題集の解説と実践のズレを埋める

1次試験「財務・会計」の過去問題集については各社から出版されています。丁寧な解説があり，本試験に向けての実力養成には非常に役に立つものです。ただし，正攻法すぎる解説は時間がタイトであり，しかも電卓の使用ができない本試験の実践において，不足・不十分な部分があるのも事実です。本書は，実力養成と本試験での得点獲得との間のズレが大きい「実践的に速く計算する技術」の獲得を大きな目的としています。

③ 重要部分の基礎知識を丁寧に説明する

一般のテキストはその性質上，限られたページ数のなかで網羅性が求められます。そのため，どうしても出題頻度や理解の必要度に合わせたメリハリについては十分ではない傾向にあります。本書では，財務・会計が苦手であった筆者自身の学習経験や，KECビジネススクール（以下，KEC）の双方向授業や受講生からの質問等から，特に初心者や苦手意識のある方がつまずきやすいところについて，一般のテキストよりも丁寧な解説を心

掛けています。

④２次試験事例Ⅳとのシナジー効果を考慮する

中小企業診断士試験は養成課程に進む方を除けば，2次試験の事例Ⅳを突破する必要があります。事例Ⅳとの共通の部分については，1次試験対策の学習時に2次試験も考慮に入れながら行うことで，スムーズに2次試験の対策に移ることができますので，本書では2次試験への橋渡しも兼ねてやや詳しく説明をしています。

⑤知っているだけで点数アップにつながる知識を伝える

1次試験は酷暑の厳しいコンディションのなかでの勝負となります。少しの準備不足やうっかりミスが合否を分けることはめずらしくありません。しかし，多くの受験生がこのことについての認識が甘く，また，類書には実践的なミス防止法等について書いているものがあまりありません。本書では，①ミスを確実に減少させるメソッド，②難問の正解率を少しでも上げるメソッドに加え，③日常の学習効率を上げるメソッド等をコラムの形で解説しています。

改訂にあたって～新版の特徴～

本書は，2019年1月に発売された『「財務・会計」速答テクニック』の改訂新版です。旧版と比べると，以下のような特徴があります。

①問題の出題傾向に沿った解説項目の追加

ここ数年の1次試験「財務・会計」の出題内容を分析すると，特にアカウンティング分野で傾向の変化を感じます。具体的には，日商簿記試験の内容そのものに近い問題の増加があります。そのため，新版では新たに今後も出題が予想され，ポイントをつかめば比較的得点しやすい「簿記・財務諸表総論」「本支店会計」「のれん」等の個別論点の解説を追加しました。中小企業診断士試験は簿記の試験と違い，自分で仕訳を書く必要はなく，「判断」ができれば得点が可能です。

②財務を苦手とする受験生を意識した「仕訳」の解説

アカウンティング分野で高得点を獲得するためには，「仕訳」についての理解が欠かせません。新版では多くの受験生が悩む箇所について，その仕訳の裏側にある原理についてかなり丁寧に解説をしています。その目的は，多くの学習者が陥りがちな膨大な「仕訳の暗記」を回避していただくことです。本格的に簿記の学習をする前に理解しておけば簿記全体の理解が進むことはもちろんのこと，簿記・財務会計の学習にお悩みの受験生の方々に広く役立てていただけるものと確信しています。

③ 使用過去問題の入れ替え

出版から4年以上が経過し，古くなった問題を近年の問題に差し替えています。ただ「経営法務」や「中小企業経営・政策」と違い，会計制度の変更があったような例外を除き，財務・会計では時代を遡った古い問題についても良問であればその演習は実力向上には極めて有効です。そのあたりの事情は「経済学・経済政策（白書データを除く）」と同じです。

③ 無料講義映像の大幅拡充

旧版では，主に演習量の不足を補うために，書籍で取り上げなかった重要過去問題について5時間程度の解説を行いました（無料で講義映像を提供）。新版の講義映像では，掲載外の過去問題の解説を充実させることに加え，①効率的な学習のためのコラムについての丁寧な補足解説，②スムーズな2次試験合格へつなげるための基礎知識についての解説，③「仕訳の構造」等，新版での新規論点の解説と演習等について，全20時間程度の解説を行います。本書の記述を十分に読み込んでからご覧いただくことで，読者の皆様の理解促進に役立つように頑張っていますので，ぜひご利用ください。**カバーおよび巻末ページにあるQRコードからお入りいただけます。また，KECビジネススクールのHP（http:www.kec.ne.jp/shindanshi/）からもお入りいただけます。**

以上の改訂により，財務・会計に苦手意識を持つ多くの受験生はもちろん，受験生全般に役立つものにパワーアップできたと思います。本書の知識と技術をしっかりとマスターすることにより，時間に追われることなく合格点に達することができると確信しています。

また，最後になりましたが，初版より有益なアドバイスをいただくとともに，筆の遅い筆者を辛抱強く励ましていただいた同友館の鈴木良二氏に心から感謝申し上げたいと思います。

2023年2月

KECビジネススクール主任講師，中小企業診断士
平野　純一

◉目 次◉

序章

「財務・会計」速算術のテクニック

中小企業診断士1次試験の「財務・会計」は複雑な計算を伴うにもかかわらず，電卓が使用できないという，ある意味世界的にもめずらしい試験です。

そして，試験において合格点を獲得するためには，その特殊性に応じた対策が必要となります。この試験は，財務・会計の「本質的な部分の一定以上の理解」と「テクニック」が求められる試験です。

他科目との違い

■対策が容易な部分 ☞ コア論点は出題範囲が比較的一定で予測しやすい

本書で扱う10の分野で，例年12問程度の出題があります。つまり10分野を実力で獲得できれば足切りを免れるのはもちろん，あとは残りの52点中12点を獲得すればよく，確率論的には鉛筆を転がしても13（52 × 0.25）点を得点できるので，真摯に学習を重ねた受験生にとって科目合格は困難ではありません。

このあたりは，例えば「経営法務」のようにそもそも範囲が広いうえ，民法が1問出題の翌年に5問出題されたり，何年も出題のなかった著作権法が3問出題されるというような出題の読みづらさはありません。内容の理解に困難を伴うことが多いですが，予想できるコアな論点を取り切ればよいという面では「経済学・経済政策」と似ています。

ただし，アカウンティングの理論問題は難解なうえ予想が困難です。

■対策が困難な部分 ☞ 複雑な計算問題があるのに電卓が使えず時間がタイトである

他の科目，「経営法務」「中小企業経営・政策」「経営情報システム」等は，知っているかどうかが解答のカギを握るため，時間切れになるということはあまりありません。しかし，60分という短い時間で多くの計算問題の解答を要求される「財務・会計」は，時間配分を誤ると最後の問題に到達せずにタイムアウトになります。

また，普段パソコンに頼り切っていて2次試験で漢字が書けない場合と同様，日頃は電卓を多用しているため，暗算や筆算そのものから遠ざかっている方も多く，このことも対処を困難にしている理由の1つとなっています。

2次試験との違い

2次試験の事例Ⅳに比べると客観的に見て攻略は容易です。1次試験は正解の数値が選択肢として与えられており，すべてを自分自身で数式を立てて計算を行うことや記述に落とし込む必要がありません。さらに1日目の2時限目ということもあり，コンディション面で2次試験4時限目のような「心身の疲労」や「異常な精神状態」に陥る心配がかなり少なくなります。

本書のコンセプト

■トレーニングと本戦の違いを意識しましょう

スポーツであれ武術であれ芸事であれ，本気で上達を目指す人は，基礎練習の段階で小手先のテクニックに走ることは厳に慎まねばなりません。しかし，いざ勝負となった場合には（むろん不正等は除いて）どのような手を使っても勝利を目指すべきです。これはもちろん，国家試験においても同様です。

本書の一部内容は（あくまでも一部ですが），人によっては正道ではないと感じるかもしれません。しかし，いくら真剣に努力しても不合格はどこまで行っても不合格です。暗記するのに語呂合わせを用いるように，合格に向けていろんな角度からさまざまな工夫を行うことは決して邪道ではありません。

本書が提案する1次試験「財務・会計」の克服策は，
容易な部分を最大限利用し，困難な部分を戦略的に克服することです。

まず，①出題範囲の予想がしやすいことを利用し，頻出なコア分野を集中攻略します。

分野ごとに「丁寧な基礎知識の解説」「1次試験における出題の特徴」と「絶対に記憶しなければならない項目（多くは公式や数式）」を提示し，そのあとにその分野の過去問題を配置する形を採っています。1次試験合格のために必要となる基本的な部分の知識量が意外と多くないことに気づかれると思います。

さらに，②2次試験と違い正解が選択肢として与えられていることを最大限に利用する技術を提示します。

困難な部分である暗算・筆算については，速算術を修得することによる正面突破を図ります。

計算を速く正確にするための工夫─「速算術」

ここでは，電卓を使わずに計算を「速く」かつ「正確」に行うための一般的な法則，いわゆる「速算術」を学習していきます。さらに，2次試験・事例Ⅳと異なり選択肢と解答が与えられていることについての利用の仕方を学習します。

電卓を使わない場合は基本的に「暗算」と「筆算」を組み合わせて使用することになりますが，それぞれに工夫の仕方があり，組み合わせることでより速く計算することができます。ちなみに「九九」は暗算を速くするための「工夫」です。

1次試験の「財務・会計」の計算問題においては，以下で学習する典型的な「速算の工夫」が役立つ場面が多く見受けられます。これについてはさまざまな理由が考えられますが，60分という試験時間を考慮するなら解答の「数値」が「簡単すぎず」，かつ「工夫すれば答えやすい数値」に設定されていると考えるのが自然だと思われます。

本書では，多数ある速算術のなかから，「財務・会計」の試験に役立つものを中心にスポットを当てて学習します。また，短時間で財務諸表等の定量情報から経営状況の概略をつかむことができるため，経営実務や2次試験対策としても役立ちます。

以下では，まず速算フローの概略を示します。

速算フローの概略

① 小数点は消す

小数点が出てくることは電卓使用による計算においては問題ではないのですが，暗算・筆算の場合は間違いの原因となります。

さらに1次試験「財務・会計」においては，正解の桁は考慮不要の場合が大半であるので，なおさら小数点の計算は不要であり，また，わかりやすい分数に変換可能なときは分数に変換して計算するほうが楽な場合が圧倒的に多くなっています。

② 不要な0（ゼロ）を消去する

例えば，選択肢の数字の下3桁が0ならば千の桁以上だけを計算すればよいことになります。

③ 割り算は掛け算に

筆算で割り算をする場合，ルートのような記号を用いるのが一般的ですが，間違いやすく時間もかかります。そのため，割り算は暗算で解ける簡単なもの（100 ÷ 20等）以外は逆数を掛ける，分数の掛け算に変換することが合理的であることがほとんどです。

④ 覚えて便利な数はあらかじめ暗記しておく

「九九」はもちろんですが，ほかにも一定数の「小数と分数の相互変換」，「倍数条件」等はそれほど数も多くないので覚えてしまうほうが得策です。

⑤ 選択肢のパターンにより計算のしやすい数に変換して計算する

2次試験と異なり，1次試験では解答がすでに提示されているため，完全に正確な数字を計算する必要はありません。そこで，選択肢の数字の差が大きく近似値が求められればよい場合には数値を変換して計算します。

例）0.23を0.25　0.78は0.8等

次に，計算を楽に速く行うためのテクニックを具体例に従って学習していきます。

速算術の実習

(1) 補数の利用による加算・減算

補数を利用した加法・減法は，試験では貸借対照表（以下，BS）の流動負債等の計算をはじめ，暗算一般に利用が可能であり，すべての基本となりますので，ここで練習します。

問題

ア　10,000 − 5,786
イ　100,000 − 87,467
ウ　1,000,000 − 847,349
エ　20,000 − 7,865
オ　12,346 − 6,889
カ　698 + 297 + 496
キ　53 + 94 + 36 + 67

■解答・解説

補数の一般的な定義は，次のとおりです。

「**補数**（ほすう：complement）とは，ある基数法において，ある自然数aに足したとき桁が1つ上がる（桁が1つ増える）数のうち最も小さい数をいう」（ウィキペディアより）。

十進法ではaが4なら6，aが9なら1，つまり足して10（桁が繰り上がる）程度の理解でよいです。

（問題のア，イ，ウについて）

10,000のようにゼロが連続する数から減算する場合には1の位のみ10の補数，ほかは足して9になる数を並べていけば正解になります。イ・ウも同様です。

ア：10,000 − 5,786 = 4,214

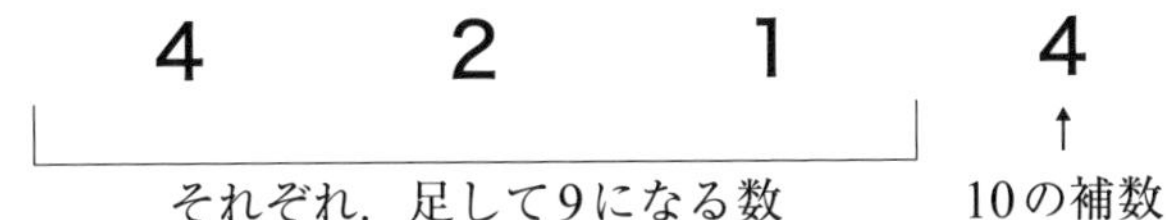

エ：20,000 − 7,865 = 12,135

上記と同様の計算（10,000から減算）を行い，10,000を足す。

オ：12,346 − 6,889 = 5,457

6,889について上記と同様の計算を行い，2,346を足す。

カ：698 + 297 + 496　　補数を利用して切りのよい数に変換する。

700 + 300 + 500 −（2 + 3 + 4）= 1,491

キ：53 + 94 + 36 + 67

考え方は上記と同じですが，足して1の位がゼロになる組み合わせで計算します。

53 + 67 = 120　94 + 36 = 130　を別に計算して足し合わせ，250を求めます。

（2）「九九」に持ち込む

日本人の財産である「九九」を最大限利用します。

特に分数の計算に威力を発揮するので，小数点を分数に変換したときに役立ちます。

例）441が7で割り切れるかを考えるとき，7 × 60 = 420に3 × 7 = 21を足せばよいので，割り切れる等。

また，小数を分数に変換することにより「九九」を用いた計算をしやすくなります。

問題

ア　420 ÷ 0.24

イ　360 ÷ 0.72

ウ　490 ÷ 0.35

■解答・解説

小数を分数に変換し，九九を用いて約分のうえ計算します。

ア：420 ÷ 0.24は420 × 100／24に変換。　ろくしち42　しろく24より，
6で約分すると，
70 × 100／4（7,000の半分の半分。※p.8参照）より1,750

イ：360 ÷ 0.72は360 × 100／72に変換。　ろくろく36　60 + にろく12より，
6で約分すると，
60 × 100／12は10 × 100／2より500

ウ：490 ÷ 0.35は490 × 100／35に変換。　しちしち49　しちご35より，
7で約分すると，
70 × 100／5（2を掛けて10で割る。※p.7参照）より1,400

(3)「末尾が0，5，25，125」に持ち込む

上記の応用となりますが，特に「末尾が0，5，25，125」の整数は5の倍数であり，小数との相互変換もしやすく，暗算や筆算が楽かつ間違えにくくなります。近似値を用いるにしろ，計算を分解するにしろ，まず「末尾が0，5，25，125」を目指します。

問題

ア　388 × 5

イ　36 × 25

ウ　18 × 45

エ　375 × 16

【割り算を速くする】

（例題）

①　5で割る

例）416リットルのワインを5人で分けるときに1人当たり何リットルになるか。

② 25で割る

例）312リットルの日本酒を25人で分けるときに1人当たり何リットルになるか。

③ 125で割る

例）312リットルの水を125人で分けるときに1人当たり何リットルになるか。

【掛け算を速くする】

（例題）

① 5を掛ける

例）1膳5円の割り箸を248膳使うときにいくら必要か。

② 25を掛ける

例）1本25円のボールペンを264人に配るときにいくら必要か。

③ 125を掛ける

例）1本125円のジュースを536本飲むときにいくら必要か。

■解答・解説

「末尾が0，5，25，125」の数は，**計算式を分解**することで暗算が楽になることが多くなります。以下に具体例を示します。

ア：388 × 5は，(400 × 5) − (12 × 5) に分解すると，2,000 − 60 = 1,940が求められます。または，97 × 4 × 5でもよいです。

イ：36 × 25は，4 × 9 × 25に分解すると，25 × 4は100であるので900が求められます。

ウ：18 × 45は，9 × 2 × 45とすると，9 × 90で810が求められます。

エ：375 × 16は，3 × 125 × 8 × 2とすると，125 × 8は1,000であるので，6,000が求められます。

【割り算を速くする】

5，25，125に関する割り算については，テクニックを用いると非常に簡単に解くことができるので，ぜひマスターしてください。

① 5で割る

例）416リットルのワインを5人で分ける。

5で割るということは，2を掛けて10で割ることと同じです。上記の設例では，416の倍の832から桁を1つ減らした，83.2が答えとなります。

② 25で割る

例）312リットルの日本酒を25人で分ける。

25で割るということは，4を掛けて100で割ることと同じです。上記の設例では，

312を4倍しますが，そのときには「倍の倍」で暗算すると速くなります。倍の624を倍にすると1,248，そこから桁数を2つ減らすと12.48が答えになります。

③　125で割る

例）312リットルの水を125人で分ける。

125で割るということは，8を掛けて1,000で割ることと同じです。8を掛ける場合，上記①，②のように完全な暗算では難しいので，筆算を併用します。「倍の倍の倍」を暗算で順次書いていくか（624→1,248→2,496），10倍から2倍を引く方法（3,120－624）を用い，桁を3つ減らすと2.496が答えになります。

【掛け算を速くする】

5，25，125の掛け算についても考え方は同じで，**5倍は10掛けて2で割る。25倍は100掛けて4で割る。125倍は1,000掛けて8で割ります。**また，4で割る場合は「半分の半分」，8で割る場合は「半分の半分の半分」の暗算または筆算を使うと，計算が速くなります。

例題の解答

①1,240円　②6,600円　③67,000円

(4) 便利な数を記憶する

(A)「小数と分数の相互変換」を覚える

以下の「小数と分数の相互変換」一覧を記憶しておくと，経営分析等において「近似値」を使って問題を解くときや，割り算の掛け算変換時に小数を分数に変換する場合等に大変便利ですので，暗記することをお勧めします。

0.2	0.04	0.008
$\frac{1}{5}$	$\frac{1}{25}$	$\frac{1}{125}$

0.5	0.25	0.125	0.0625
$\frac{1}{2}$	$\frac{1}{4}$	$\frac{1}{8}$	$\frac{1}{16}$

0.2	0.4	0.6	0.8	1.0	1.2
$\frac{1}{5}$	$\frac{2}{5}$	$\frac{3}{5}$	$\frac{4}{5}$	1	$\frac{6}{5}$

0.125	0.250	0.375	0.500	0.625	0.750	0.875	1	1.125
$\frac{1}{8}$	$\frac{2}{8}=\frac{1}{4}$	$\frac{3}{8}$	$\frac{4}{8}=\frac{1}{2}$	$\frac{5}{8}$	$\frac{6}{8}=\frac{3}{4}$	$\frac{7}{8}$	$\frac{8}{8}$	$\frac{9}{8}$

問題

ア　77 ÷ 0.875

イ　35 ÷ 0.625

ウ　64 × 0.375

エ　72 × 1.125

■解答・解説

ア：77 ÷ 0.875

0.875 = 7／8より，77 × 8／7 = 88

イ：35 ÷ 0.625

0.625 = 5／8より，35 × 8／5 = 56

ウ：64 × 0.375

0.375 = 3／8より，64 × 3／8 = 24

エ：72 × 1.125

1.125 = 9／8より，72 × 9／8 = 81

(B) 公約数の見つけ方「倍数条件」を覚える

以下の倍数条件は，分数の計算において約分時の公約数を見つけるときに知っておくと有利ですので，知らない場合はぜひ覚えましょう。

■2の倍数条件―偶数

■3の倍数条件―各桁の和が3の倍数

121,011，126等

■4の倍数条件―下2桁が00か4で割り切れる数

987,656,300等

■5の倍数条件―1の位が0または5

■6の倍数条件―2の倍数かつ3の倍数（各桁の和が3の倍数かつ奇数）

1,116，234，78等

■8の倍数条件―下3桁が000か8で割り切れる数

872，1,256，17,000等

■9の倍数条件―各桁の和が9の倍数

11,133，234,117等

※7の倍数条件は複雑かつ出題可能性が低いため割愛しています。

正解の選択肢がすでに与えられていることを最大限利用する

① まず，1次試験は2次試験の事例Ⅳのように律儀に数値を最後まで計算する必要はなく，**計算の途中で判明すればそこで即座に中止**して次の問題に進みます。

② また，記述を求められるわけではないことから，100％正確な数字を求める必要もありません。そのため，選択肢のパターンにもよりますが「大凡（おおよそ）」の数がわかれば正解がわかる場合も多く，その場合には**問題の数値を計算しやすい形に変えてから計算**をします。

そのために，問題に取り掛かるときに，まず選択肢をチェックして戦術を立てることが合理的です。

具体的には，選択肢を先に見て，次の3つのチェックポイントを確認します。

1）選択肢の数字と数字の開き具合を見る

→大きければ近似値を使える可能性が大きくなります。

例）配当割引モデルに基づく企業価値の推定値として最も適切なものはどれか。

ア　1,575千円
イ　2,100千円
ウ　3,500千円
エ　5,250千円

☞それぞれの選択肢の数字の開き具合から見て近似値でもよいと判断できます。

2）選択肢の数字が＋と－，損失と利益，100％超と以下，のような対立項になっていないかを確認する

→対立項ならば，途中で答えが判明することがあります。

例）G社の流動比率として最も適切なものはどれか。

ア　28.3％　　イ　69.8％　　ウ　95.0％　　エ　133.3％

☞エのみ100％を超えているため，計算の途中で100以上が判明すればそれ以上の計算は不要です。

3）選択肢の数字の下の桁の状態を確認する

→途中で答えが判明することがあります。

例）税率を40％とするとき，この投資案の各期の税引後キャッシュフローとして，最も適切なものはどれか。

ア　12百万円
イ　18百万円
ウ　26百万円
エ　34百万円

☞末尾の数字がすべて異なるため，末尾の数が判明すれば解答がわかります。

問題用紙に書き込むフォーマット等をあらかじめ準備しておく

問題のパターンに従って，ワークシート形式のフォーマットをあらかじめ用意しておくことで，速くかつミスを少なくすることができます。また，ケアレスミスを起こしやすいところにはリスクマネジメントとして書き込みを行います。具体的なフォーマットやケアレスミス防止の書き込みについての具体例は，次章以降の各論でご紹介します。

なお，経営分析（財務分析）の問題等，特にフォーマットがなく問題用紙に直接書き込むことで解答を導く場合もあります。

第1章

簿記会計の基本を理解する

財務・会計攻略の要点─仕訳の統一的な理解を図る

目的を持った制度（システム）を理解するために大切なこと

本書のテーマである「簿記・財務会計」のような「一定の目的」のために創られた制度的知識（システム）については，表面上に現れる現象（その多くはルールや規則）のみを理解・記憶するだけでなく，その背後にある必要性や原理も合わせて総合的に考察することが望ましいことは言うまでもありません。

できる限り「そもそも，そのルールがなぜ必要であるか」を理解し，さらに「ルール間の論理関係を理解」かつ「具体的イメージに落とし込める」かが「わかる」ためのカギとなります。

そのあたりは，「数学」や「物理学」等の純粋な学術系の科目との大きな違いといえます。

一般的な簿記会計についてのテキストを概観すると，表面的なルールの解説に重点が置かれ，その背景となる原則やそもそもの必要性などについての解説が少ない，またはないことが多くなっています。

さらに，ルールの体系的な分類が不十分であり，このことが簿記会計について苦手意識を持つ学習者が増加する大きな要因の1つであると感じます。

仕訳についての統一的理解

■2大原理と基本・応用・例外と省略の認識

簿記を中心とする財務・会計の学習において「仕訳」の理解は必須となります。仕訳さえ正確に行うことができれば，その後の手続きは定型的作業になりますから，丁寧にトレーニングすることでマスターすることはそれほど困難ではありません。

また，中小企業診断士1次試験「財務・会計」の試験問題を見ても，仕訳そのものの理解を問う問題や，仕訳を理解していないと解けない問題が多数あります。

本章では，「財務諸表」の構造から「仕訳の原理」についての統一的解説を試みています。体系的な実学系の知識を学習する場合には「基本・応用・例外と省略」の4つの区分のどれに当たるかを意識することが大切です。例えば，英語では上記のうち「省略」についての理解が非常に大きな重要性を持ちます。簿記会計ではそれほどではありませんが「省略」を意識することにより，いくつかの項目での理解を大きく助けます。

仕訳についての「基本・応用・例外」の3つについて，以下できる限りわかりやすく解説していきます。

■仕訳には大きく２つの原理がある－「変動記録仕訳」と「初期化仕訳」

仕訳は大きく2つに分類され，それぞれ全く違う理由により行われ，かつ仕訳を実行する（以下，慣例に従い「切る」と表現します）ときの考え方も大きく違います。私が調べた範囲内ではありますが，これについて明記している書籍等はありませんでした。しかし，「仕訳の原理は2つ」ということを理解しないまま，原理の違うものを区別せずに一緒に学ぶことは理解を妨げる大きな要因になる可能性があります。

「変動記録仕訳」と**「初期化仕訳」**の2つについては私の造語ですので他の教科書にはありませんが，2つの種類の仕訳についてそれなりに本質を突いた表現ではないかと自負しています。上記のどちらでもない仕訳も少数ありますが，中小企業診断士試験の学習上重要ではないため，本書では無視します。

余談になりますが，専門用語が「名が体を表していない」ときには，著しくその分野についての理解を妨げる要因となります。それが一番顕著に表れている分野の1つが，皆さんの多くが苦しんだであろう英文法に関する用語です。世の中には英文法の学習そのものを不要と主張する人々もいますが，その論外な説はいったん横に置いておきます。

代表例として，英単語の動詞における変化形として語尾にingを付ける形を形容詞として使用する場合，文法用語では「現在分詞」といいますが，「現在分詞」という名称にもかかわらず，時制の「現在」とは無関係です。同時に「過去分詞」も「過去」とは無関係です。

これは，学習者の認識に無用の混乱をもたらすだけの非常に有害無益な表現です。そのほか，「代名詞」ではない「関係代名詞」やその意味役割と何の関係もない「前置詞」等，枚挙にいとまがありません。そしてその不合理は現在でも多くの英語学習者を苦しめています。

■簿記会計における不合理な用語—「借方」と「貸方」

「簿記会計」の分野では「英文法」におけるような不合理な用語はほとんどないのですが，唯一最大の不合理な用語として「借方」「貸方」があります。

（図表1）借方と貸方

借方	貸方

図表1にあるように，仕訳の左側を借方，右側を貸方と呼びますが，簿記会計学習の初心者がまずつまずくところです。

「現在分詞」と書いてあれば「現在」と関係があるだろうと考える場合と同様に，「借方」とあれば（金銭を）借りることと何らかの関係があるはずであると考えることは人間の認識として当然です。ところが，学習経験のある方はご存知のように，**全く関係がありません。**申し訳ないですが，この用語は日本語の借りや貸しとは無関係の「外国語」の単語であると割り切ってください。

また，「借方」「貸方」ほど不合理ではありませんが，学習者がつまずきやすい「不親切」な**学習項目に左右で同じ名称を持つ勘定科目**，「現金過不足」「本店」「損益」等（以下，本書では「ハイブリッド勘定」と呼びます）があります。これは重要な意味が「省略」されていると考え，それを補うと格段に理解しやすくなると思います。

人間の頭脳は「共通の言葉」には何らかの共通のものがあると認識するようにできています。

そのため，理由や原理の違う「仕訳」をひとまとめに同一の「仕訳」とされている現状について，少なくとも学習上は望ましいものではないとは思います。

本書では上述のように，仕訳は大きく分けて何らかの「資産」の変動がある場合にそれを記録し明確に報告するために行う「変動記録仕訳」と，資産の変動を伴わず財務諸表の作成のために行われる（PLを初期化する）「初期化仕訳」に大別して考えます。全体的な比率でいえば，圧倒的に前者が多くなります。そして，それぞれの目的や仕訳を切るときの原理が違います。

BSとPLを新しい視点から理解する

■財務諸表の目的

では，財務諸表はそもそも何のためにあるのかを，しっかり確認しておきましょう。一般的に財務諸表という場合には，貸借対照表（BS），損益計算書（PL），キャッシュフロー計算書（CS）のいわゆる財務3表を指すことが多くなっています。もちろん，すべて重要であることは間違いありません。ただし，本章のテーマである「仕訳」については，CSは関係ありませんので，BSとPLを扱うことになります。

基本中の基本から振り返りましょう。BSとPLの役割はともに「利害関係者への正確な会計情報の報告」です。経営法務等でも学習することになりますが，本来想定されているプロトタイプの企業では，お金を出す人「出資者（株式会社なら株主）」と，実際に企業を運営する人「経営者」は分かれています。経営のためにお金を貸してくれる人「債権者」はもちろん別人です。

そのため，経営者は主に「出資者」「債権者」のために，①預かったお金が現在どのような状況にあるのか，および②1年間でどのような理由でどのくらい儲かったのか（または損したのか）を報告しなければなりません。そのために作成されるのが財務諸表であり，そして，仕訳を行う最終的な目的は正確な財務諸表を作成することです。

ここで，BSとPLの簡単なひな形を，図表2に示します。BSは左側の「資産」右側の「負債」「資本」，PLは「費用」「収益」の計5つの区分に分かれます。

（図表2）

貸借対照表（BS）		損益計算書（PL）	
資産	負債	費用	収益
	資本（純資産）		

■簿記会計理解のための避けて通ることのできない最低限の前提条件

仕訳（特に変動記録仕訳）の理解の大前提として簿記会計学習者に求められることに，勘定科目（現金・交通費・資本準備金等）がBS／PLの5分類（資産・負債・資本・費用・収益）のどこに所属するかを理解・記憶することがあります。仕訳は，その対象となる勘定科目の**所属先の左右の位置により動き「切り方」が決まります。**

すなわち，現金は資産項目に属し，資産は左側にありますから，増加のときは仕訳の左側に現金×××，減少時は反対の右側に記入されます。負債であれば右側ですので，負債の増加時は右側に長期借入金×××，減少時は反対の左側になります。そのために，仕訳の処理をする項目の勘定科目が左右のどちらかであるのか不明であれば仕訳は絶対にできません。大げさですが，英語を学習するときにアルファベットがわからなければ理解の進みようがないことと同じであり，簿記学習では避けて通ることはできません。

ただし，現実問題としてそれほど困難なミッションではありませんので安心してください。ほとんどの勘定科目の所属先は「社会人としての一般常識」と「日本語からの推測」でわかります。

例えば「現金」や「土地」等は資産に，「交通費」等，後ろに「費」が付けば費用に，「長期借入金」は負債に分類されることは教えてもらわなくても理解できます。そのため，一般の日本語の使用とズレがあるものや，技術的に創られたものについてしっかりと理解すればOKです。

また，その数も簿記2～3級レベルであれば20もありません。

■PL／BSの新しい見方―「資産」項目は他の４項目と全く違うことを認識する

本章では，5つの分類中「資産」項目の特殊性に注目し，そこから「変動記録仕訳」の原理を説明するアプローチを取ります。

資産項目を眺めてみると，現金・土地・建物等の実物資産や特許権等の無形資産が並んでいます。これらの共通点は**「実体が存在する」**とともに，現金に変換できるか，その可能性のあるものです。ただし，後述しますが「繰延資産」等いくつか重大な例外があり，実体のないものも存在しますので，以下の説明は例外を除く資産項目を指します。

資産の内容が変動する場合には大きく2つのパターン，**「モノの動き」**と**「価値の変化」**があります。

このあたりは常識的な一般感覚とズレがありません。例えば，借入により現金が増加すればそれを記録する必要があるのは当然です。また，「利害関係者への正確な会計情報の報告」のためには，資産項目の価値と実際の価値にズレが生じていればそれを訂正する必要があります。

例えば，帳簿上の土地建物が1億円とあるので，それを信じて融資をしたら実際の価値は2,000万円しかなく，結果的に債権者が満額の返済を受けることができないような事態は避けなければなりません。当然，1つの取引により両方の事態（物が動くうえに価値も変わる）が同時に認識される場合も仕訳が必要になります。

■「資本」「負債」「費用」「収益」は資産変動の理由づけ

反対に，資産以外の項目（以下，資産外項目）は「実体」がありません。まずこのことをしっかり認識することが非常に重要です。では，なぜ資産以外の項目が必要になるのでしょう？

その答えは，資産外項目はそのほとんどが，事業体が持つ**「資産」の変動の理由を示す役割**を持っているのです。

それはまた「複式簿記」の本質でもあります。そもそも，実体があるものと実体がないものを峻別せずに，あいまいなまま学習を進めると混乱を招くことはある意味当然です。さらに，資産項目のみ実体があり，資産外項目は資産変動の理由づけを示していることがわかることは，（変動記録）仕訳の原理そのものの理解につながります。

「収益」（例えば売上）が増えるときは通常，現金や売掛金等の資産が増加します。そして，資産の増加は左側に記入されますから，資産増加の理由である「収益」は反対側の右に記入されます。

逆に，「費用」（例えば交通費）が増えるときは現金等の資産が出ていきます。資産が出ていくときは右に記入されますから，その理由である「費用」は反対の左側になります。

仕訳の全体構造を理解する

では，ここで図表3を使い，仕訳を分類整理してみましょう。

（図表3）

正式名称	本書の分類による名称
期中仕訳	変動記録仕訳（99%以上）
決算整理仕訳	主に初期化仕訳（両方の仕訳が混在）
決算振替仕訳	初期化仕訳
再振替仕訳	初期化仕訳

縦軸には時間の流れを示しています。会計期間は期首から期中・期末へと流れます。そのうち，会計期間中に行われる仕訳の大多数は「期中仕訳」であり，そのうちの99%以上は変動記録仕訳が占めることになります。

後に「振替仕訳」の例として説明する，負債を資本に変える「デット・エクイティスワップ」のような例外を除き，期中の取引には何らかの変化があることは体感的にも理解できると思います。

「変動記録仕訳」は，大きく物や権利といった資産が動く（出入りする）場合と，土地建物や債券等の価値が増減する場合に大別されます。さらに，BSそのものの大きさが変わる場合と変わらない場合があります。繰り返しになりますが，会計年度内に日々行われる期中仕訳は圧倒的に資産や価値が動くパターンになります。

また，期中仕訳（変動記録仕訳）の重要な応用に「3分法」があり，学習者のつまずきの元になっていますが，のちに別項で説明します。

次に，**「(PL）初期化仕訳」**について解説します。この仕訳の目的は，当期のPLから利益（または損失）を計算し，それをBSに移し替えることにより，当期の「PLを消去」することです。そのとき行われる仕訳の内容は大きく分けて，「決算整理仕訳」と「決算振替仕訳」に大別されます。内容としては以下のように分類して考えるとわかりやすいと思います。

A-①　時のズレを修正するもの（短期）

短期的なズレの修正

「経過勘定」等

A-②　時のズレを修正するもの（中長期）

中長期的な適正費用配分のための修正

「減価償却費」「退職給付引当金（負債性引当金）」等

B　場所（空間）のズレを修正するもの

「連結会計」等

C　A，B以外の現実的な必要性に応じた技術的な例外

「貸倒引当金（評価性引当金）」「税効果会計」等

D　AからCの結果を踏まえ，PLの勘定科目を初期化（リセット）する仕訳

E　Dの結果から利益（損失）を確定し，PLを消去しBSを完成するための仕訳

上記A～Cは「決算整理仕訳」，D・Eを「決算振替仕訳」と呼びます。そのほかPLの初期化とは関係ない振替仕訳もありますが，例外的であり便宜的にこちらに分類しておきます。

そして，それぞれにおいて**仕訳には独自のパターン**がありますから，それを最初から認識し分類したうえで学習するほうが圧倒的に理解しやすくなります。

では時系列に沿って，まず「期中仕訳」の世界を見ていきます。

「変動記録仕訳」は「資産」を中心に回る世界である

いよいよ本題に入っていきましょう。簿記のテキストで出てくる「期中仕訳」については，そのほとんどが本章でいうところの「変動記録仕訳」に当たります。

ここでは「変動」は，実体（以下，「資産」には無形の権利も含む）のあるもののみに起こると考えてください。そのため，「変動記録仕訳」の内容には必ず「資産」項目が含まれることになります。

資産（価値を含む）が変動しBSの大きさが変動する理由には6つのパターンがありますので，具体的に見てみましょう。

以下に，①具体的な事象，②仕訳，③解説の順番で各パターンを例示します。

■変動記録仕訳には「資産は例外なく左側から入り，右側からしか出ない」大原則

その前に非常に単純な原則として，資産の増加の場合には左に記入，減少の場合には右に記入します。まず，**資産増加の場合**を検討していきます。また，以下の本章の仕訳例では金額は×××で表記します。

A　1,000万円の出資があった（資産対資本）

〔仕訳〕現金×××／資本金×××

〔解説〕現金が入るという変動があり，まず左に現金を記入します。そしてその理由

は資本金の増加であるため，反対の右側に記入します。

B　1,000万円を借り入れた（長期）（資産対負債）

〔仕訳〕現金×××／長期借入金×××

〔解説〕現金が入るという変動があり，まず左に現金を記入します。そしてその理由は長期借入金の増加であるため，反対の右側に記入します。

C　手持ちの有価証券の時価が1,000万円値上がりした（資産対収益）

〔仕訳〕有価証券×××／有価証券評価益×××

〔解説〕有価証券の値上がりは価値が増加することですので変動です。左にその増加分を，有価証券の価値が左に入ったとして記入します。そしてその理由は収益の増加であるため，反対の右側に有価証券評価益として記入します。

次に，**資産が減少する場合**を検討します。

D　長期借入金を1,000万円返済した（資産対負債）

〔仕訳〕長期借入金×××／現金×××

〔解説〕現金が出ていくという変動があり，まず右に現金を記入します。そしてその理由は長期借入金の減少であるため，反対の左側に記入します。

E　交通費を1万円支払った（資産対費用）

〔仕訳〕交通費×××／現金×××

〔解説〕現金が出ていくという変動があり，まず右に現金を記入します。そしてその理由は交通費という費用の増加であるため，反対の左側に記入します。

F　利益剰余金から株主に1,000万円配当した（資産対資本（純資産））

〔仕訳〕利益剰余金×××／現金×××

〔解説〕現金が出ていくという変動があり，まず右に現金を記入します。そしてその理由は利益剰余金の減少であるため，反対の左側に記入します。

次に，**実体の変動があるのですが，資産は増減せずBSそのものの大きさが変わらない場合**を検討します。

G　土地を現金1,000万円で購入した（資産対資産）

〔仕訳〕土地×××／現金×××

〔解説〕現金が出ていくという変動があり，まず右に現金を記入します。そしてその理由は，土地という資産の増加であるため，反対の左側に記入します。

上記のCの例は，取引とは無関係に「価値が変動」した例ですが，通常は取引により利益や損失が確定することのほうが多くなります。以下で仕訳を考えます。

H　簿価1,000万円の土地を2,000万円で売却した

〔仕訳〕現金×××／土地×××
　　　　　　　　／土地売却益×××

〔解説〕現金が入るという変動がありますので，まず左に現金を記入します。そしてその理由は土地という資産の減少であるため，反対の右側に記入します。ただし，減少した土地のほうが増加した現金より1,000万円少ないため，その現金1,000万円分増加した理由が収益として右側に表示されます。

損失が出る場合は左右が逆になるだけですので割愛します。

以上，変動記録仕訳の基本パターンについて解説しました。実はその原理は単純であることもご理解いただけたのではないでしょうか。何よりも当該の与件文に示されたものが資産であることさえわかれば，それが社外に**「出るのか入ってくるのか」を見分けることは感覚的に難しくありません。**

「変動記録仕訳」を行う場合の**思考手順**は以下の3つです。

①まず，資産の出入りを見て，入り（増加）なら左，出（減少）なら右に記入する。
②逆の位置にその理由を「資本」「負債」「費用」「収益」「資産」の該当項目から記入する。
③左右の額が違う場合には，その差額部分は右なら収益・左なら費用になる。

簡単ですね？　もちろん最初に述べたように仕訳の対象が5項目のいずれに該当するかは確実に理解する必要があるのは言うまでもありません。

そのうち，変動の理由に「資産」が来る場合はBSの大きさに変動はありません。例えば，土地／現金の仕訳では現金が減少した同額の土地が増加していますので，「資産」項目内の変更であり，全体としては変化がありません。

決算時の仕訳の分類と理解

では，もう1つの仕訳である「初期化仕訳」を見ていきましょう。

決算時の仕訳は，大きく「決算整理仕訳」と「決算振替仕訳」に分かれます。実はこれらの仕訳には，その**目的の違いにより，仕訳の考え方と動きの原理に違い**があります。学

習者のつまずきやすい項目が多くありますが，構造と目的からしっかり考えて理解しましょう。

「決算整理仕訳」はざっくりいうと，「費用・収益」項目に発生している主に時間のズレを修正したうえで他の技術的な修正を加え，利益（損失）を確定させる**前提条件を整える**ためのものです。

「決算振替仕訳」は，決算整理仕訳で確定したPLの利益（損失）を**BSにすべて移し変えることで当期のPLを消滅させ初期化**します。

仕訳の原理という側面から考えると「決算整理仕訳」は，①「初期化仕訳」，②「変動記録仕訳」の応用の側面を持つものと，③別な目的に合わせたテクニカルなものがあります。

また，「決算振替仕訳」は「変動記録仕訳」系とは考え方が全然違いますので，頭の使い方をはっきりと振替仕訳的に切り替える必要があります。さらに，使用する「損益勘定」自体が「ハイブリッド勘定」になっているうえに，イメージしにくいことも理解を困難にしています。

PLを消去するための２段階の手続き　その１「決算整理仕訳」

決算整理仕訳については多くの項目がありますが，本書では重要性の高いものに絞り原理を解説します。

最初に，決算整理仕訳の中の「経過勘定」について説明します。この仕訳は，主に比較的短期的な時間のズレを修正するために行われます。

わかりやすい例として，保険料の割引を受けるために多年度分（例えば5年分等）を前払いすることがあります。このうち翌年度分以降の分は今年の費用ではありません。そのため，本年度の利益を計算するPLの費用からは除去しなければ正確な利益の計算ができません。反対に，来年度以降にもらうはずの収益を先にいただいている場合も同様です。

■「経過勘定」の理解

経過勘定を理解するコツとして，もし期末（仕訳時）に**いったん会社を解散した場合にどうなるのか**（何が必要か）と考えることです。

ここでの仕訳の考え方は，いったん費用や収益等の性質が資産または負債に変わると仮定して考えると，基本的に変動があるとも解釈できるため「変動記録仕訳」と類似した考え方がとれます。

「経過勘定」の処理の目的は，PLのうち**時間をまたぐ「費用・収益」勘定の消去**です。期末にはすべての「費用」および「収益」勘定は一度ゼロにする必要があるのですが，そのため，基本的に経過勘定の仕訳には費用・収益のどちらかが含まれることになります。

家賃の前払いを例にして考えましょう。まず，期中に家賃を現金で100万円支払ったときの仕訳は，現金（資産）が右から出ていき，その理由は支払家賃（費用）ですので，

支払家賃×××（費用）／現金×××（資産）

となります。期末時点で半分を消化していたと仮定しましょう。その時点で会社が解散したとすると，未消化の50万円は大家さんから返してもらう権利（資産）に代わります。
※実際の取引では特約等がありますが，ここでは無視して考えます。

仕訳は債権という資産が左に増加，原因は（すでに支払った）支払家賃という費用の減少になりますので，

前払家賃×××（資産）／支払家賃×××（費用）

となります。

■減価償却等長期的なズレを修正する項目

これらは非常に重要であり，かつ多くの初心者の方が苦手とする項目です。そのため，「貸倒引当金」等とともに，**「現金の支出がない費用」**という類似した構造を持つ項目について，次項で統一的にまとめて解説します。

■「三分法」による売上原価の確定は実は重大な例外

多くの受験生がなんとなくモヤモヤしているものに「三分法」による原価の計算があります。このモヤモヤも，多くのテキストではっきりと**基本ではなく「応用」または「例外」であると明示してくれていない**ために発生していると考えています。

本来の売上原価と利益についての基本的な考え方と仕訳は以下のとおりです。例として簿価100万円の土地を200万円で売却した場合を例にとります。

〔仕訳〕現金200／土地100
　　　　　　　　／土地売却益100

まずは左に200万円の現金（資産）が入ります。これに対して右側からは100万円の土地（資産）が出ていきます。その差の100万円は何かといえば利益ですので，土地売却益（収益）と理由づけが記入されます。

基本に戻ると100万円のものが減少し200万円が増加していますから，BSそのものが100万円分増えます。ではその増えた分の理由は何かといえばPLの右側「収益」項目になります。

繰り返しになりますが，この「左に入ってきた現金，右に出ていった資産，差額が利益」という仕訳の記述が**基本形**です。実際のところ，高額な商品売買においてはこのような仕訳をする場合もあります。

しかし，一般に多量の商品を売買する小売業者等ではどうでしょう。例えば八百屋を例に考えましょう。にんじん・レタス・じゃがいも等厳密にはそれぞれにつき1つ当たりの原価があり，販売額との差額が利益になります。しかし，仕入値も，売価も日々変動する少額な商品を個別に原価と利益を計算することは膨大な手間がかかるうえに，あまり意味がありません。

そこで左側の，仕入については「仕入」勘定に統一し，「個々の資産の増加」という実体ではなく合計で「費用」項目の1つとして把握します。右側については，**本来なら現金（資産）と儲け分である（収益）に分けて**計算するべきものです。

（図表4）

現金（資産）	売上（収益）

現金×××／売上×××

（図表5）

現金（資産）	仕入（費用項目だが何らかの実物資産）
	（差引きの収益）

現金×××／（仕入れられた）資産×××
　　　　　／（利益）×××

つまり，左に現金（資産）が入り，右から何らかの（仕入れられた）資産が出ていくとともに，（通常は）利益が出る仕訳であると考えられます（**図表5**）。しかし，上述の必要性から「売上」として，本来は資産項目とは分けて把握する「収益」項目の一部も，包括して便宜的に把握する形をとります（**図表4**）。その意味で，「仕入」と「売上」（特に売上）は通常の営業において極めて重要な勘定科目であると同時に，**「技術的例外項目」**です。そのことの認識がないと，なんとなくモヤモヤしたものが残るのも当然といえば当然です。

期末に，期首に存在した商品「繰越商品」（資産）と期中の「仕入高」を足し，期末にある商品，すなわち来季への「繰越商品」を引くと，今期の原価が判明します。その後，期中の「売上」との差額が当期の収益と判明します。

PLを消去するための2段階の手続き　その2「決算振替仕訳」振替仕訳は名札の付替え

勘定科目を初期化（ゼロにする）するには？　まず「振替仕訳（名札の付替え）」を理解する

初学者がわかりにくい用語に「振替」がありますので，まずこの言葉の意味について説明します。

「振替」とは，実質的に状態が変わらないが，勘定科目間での移動（変更）が行われることです。**実体には変化がない**ところが，先述の「変動記録仕訳」との根本的な違いです。もちろん仕訳の原理も大きく異なります。非常に大ざっぱですが「名札の付替え」をイメージしてください。

少し特異で厳密にいえば初期化とはいえない例ですが，以下の状況が比較的イメージしやすいのではないでしょうか。例えば，資本金100万円（あなたの自己資金による出資），友人の債権者による借入金1,000万円，総資産がすべて現金で1,100万円の，できたばかりの企業を仮定しましょう。

そのときの友人からの借入についての仕訳は，

現金×××／長期借入金×××

のように，左に現金が入り，その理由は長期借入金となります。その後，あなたは会社経営の先行きを考え，債権者に**借入金を出資**に変えてほしいとお願いをして，了承を得たとします（これをデット・エクイティ・スワップと呼びます）。借入金が出資に代われば，利払いの必要がなくなるとともに借入金返済の必要がなくなりますので，経営は財務面で自由度が高まります。

そのときの仕訳は，

長期借入金×××／資本金×××

となります。まず現金という資産に付けられていた名札の「長期借入金」を外して，反対側の左に置き消却し，その後新しい名札である「資本金」をホームポジションの右に置きます。ポイントは**実物の動きがないことはもちろん，価値の変化もありません。**これが振替仕訳の例です。

共通する仕訳の原理は，まず変更する勘定科目の名札を**自らのポジションの反対側に置いて消去**します，次に，**新しい勘定科目の名札を本来のポジションに置き**，付け替えます。

変動記録仕訳については，左に入って右に出る資産の動きを追えばよかった分簡単でした。初期化仕訳に多い振替仕訳はそれほど単純ではないにしろ，実は**仕訳の原理は上述の1つだけ**です。

では，非常にイメージが難しく理解しにくい「決算振替仕訳」と「資本振替仕訳」について説明します。

※資本振替仕訳は決算振替仕訳の一部として解説していることが多いですが，本書では理解しやすくするため分けて考えます。

「決算振替仕訳」

「決算振替仕訳」とは，決算整理仕訳が終わったあと，当期純利益（純損失）を計算するために行う仕訳です。

期中にはさまざまな取引が行われます。それらは取引ごとに仕訳され，それぞれ適当な勘定科目に集計されます。繰り返しになりますが，決算ではすべての費用・収益項目をいったん消去してリセットする必要があり，そのときに必要な仕訳が初期化仕訳でした。

「損益勘定」に振り替える

この「損益勘定」もハイブリッド勘定であり，直感的理解がしにくい勘定科目です。費用・収益ともに多くの勘定科目がありますが，それらの**「全体を集計するための一時的な仮の入れ物」**とイメージしてください。

まず，勘定科目の消去は，**残高と同じ金額を反対側に置く**ことで処理します。そして，それは実体が変わりませんので，**名札の付替え**パターンになります。そのため，最終的なBSが作成されるための過程で「損益勘定」という一時的な仮の名札として使用されます。

費用項目と収益項目のすべてを消去して「損益勘定」という「一時的な貯蔵所」に集めると考えましょう。

収益項目は，基本的に左に資産が入ってくる理由を右に書きます。そのため，その消去は右の名札を左に外して反対側の左に置きます。その後，新しい一時的な名札である「損益（の益)」を右に置きます。そのときの仕訳は「売上」勘定の消去であれば，以下のようになります。

売上×××／損益（の益）×××

ここでも，「損益」の後に省略されている「(の益)」を補うと理解しやすいのではないでしょうか。

逆に，費用項目は，基本的に右から資産が出ていく理由を左側で示します。そのため消去のためには反対の右側に，元の左側と同額の「損益（の損)」を置く仕訳になります。例えば「交通費」勘定を消去する場合であれば以下のようになります。

損益（の損）×××／交通費×××

(図表6)

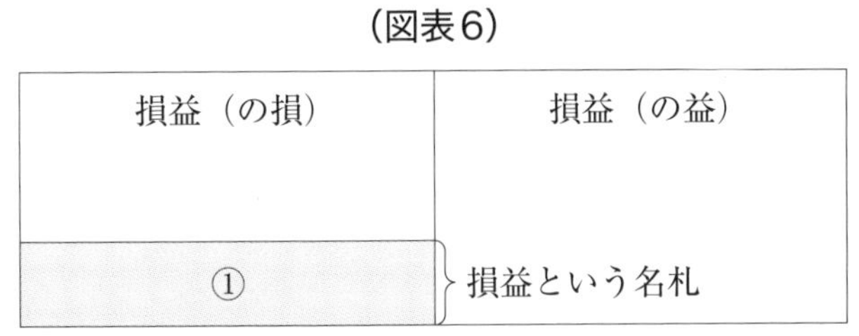

上記のような手続きをすべての項目で行うと，合計が損益勘定に集計されます。そし

て，貸借の差額を計算することにより当期の業績が判明します。通常の経営状態ならば，収益の合計のほうが費用の合計より多くなり，**図表6**の①の部分が期首から期末にかけて起こった資産の増加分になります。

ここでのポイントは，期末にどのぐらいの利益・損失が計上されたかがこの時点でわかるということです。そのため，損益勘定に集計する前の時点では利益か損失かは不明であるため，「損益」という左右どちらでも使用可能なハイブリッド勘定（仮勘定）を使用する必要があります。

言い換えると，図表6は増加した資産分①に損益（の益）という仮の名札が付けられている状態です。損益勘定は「一時的な貯蔵所」ですので消去しなければなりません。

左側の①の部分と同額分の右側の「損益（の益）」を左に置くことにより，ハイブリッド勘定である「損益勘定」自体を消去（リセット）します。その後本当の理由である「繰越利益剰余金」が右に記入され本当の名札に代わります。仕訳は以下のようになります。この時点ですべてのPL項目がすべて消去されPLが初期化されるとともに，PLの内容がBSに移管され決算に伴う一連の作業が終了します。

損益（の益）×××／繰越利益剰余金×××

別の視点で見ると，図表6の①の部分は雑多な費用項目と雑多な収益項目の差額であり，**内訳はわからない**ものの**「期首と比べての資産の増加」**を示しています。

期中仕訳同様に当然その理由を表示しなければなりませんが，それが「繰越利益剰余金」という利益項目の名札を張ることになります。

以上，「仕訳」についてその原理をできるだけわかりやすく説明するように工夫したつもりです。ポイントは以下の3つのパターンに分類整理して学習することを心がけてください。

① 何らかの実体の変動がある場合には，資産の出入りを中心に考える。
② 変動がない場合には，名札の付け替えと考える。
③ 技術的な例外については，例外として基本との違いを認識したうえで覚える。

以下，期中仕訳，決算整理仕訳にかかわらず，「基本からの応用」として考えることが理解しやすい論点をまとめて解説します。

基本からの応用として理解する論点（本支店等）

空間のズレを修正する本支店会計

事業体は，本店のほかに必要に応じて支店を設けることがあります。そのとき，支店に関する取引を本店が取り扱うこと（またはその逆）があります。さらに，支店が複数ある場合は支店と支店の間でも同じことが起こります。

そのような空間のズレを修正するためにあるのが本支店会計と呼ばれるものです。ここでもハイブリッド勘定を使用するため，わかりにくさがあります。ただし，覚えるポイントは限られており，中小企業診断士の1次試験については現在のところ，難問も比較的少ない傾向ですのでしっかり得点を取りたい領域です。

問題を解答するにあたって考慮するべきポイントは大きく2つあります。

まず，大きく「本店集中計算制度」か「支店独立計算制度」のどちらかを確認します。次に，本店・支店の取引についての仕訳の3つのポイントに従った仕訳を行います。

ポイント1	「本店」「支店」の仕訳のどちらを書くのか，確認します。 ※中小企業診断士試験では問題用紙に印刷されているため，それほど問題にはなりません。
ポイント2	「本店」「支店」勘定は，モノ等の出入りの反対側に変動理由として書きます。
ポイント3	空間のズレが原因ですので，当然自分ではないほうの勘定科目を使います。 （本店における仕訳なら「支店」，支店における仕訳なら「本店」を使います）

■「支店独立計算精度」

では例を見てみましょう。まず理解しやすい「支店独立計算制度」から見ていきます。

【設例】KECの新宿校は，新宿校負担の広告費50,000円を，梅田校が立替払いした旨の連絡を受けた。

新宿校の仕訳

広告費×××／梅田校×××

梅田校の仕訳

新宿校×××／現金×××

本書オリジナルの手順として，通常の仕訳を2段に分けて記述します。具体例を示します。設問では，まず現金が支払われていますので，右に「現金」，理由は「広告費」ですので左に記入しますが，それを2段に分けます。

広告費×××／
／現金×××

まず本支店を考えずに，1つの取引があったと仮定します。その後現金を支払ったのは梅田校ですので，「発生した場所」について，下段左端に備忘録的に梅，上段に新と記入します。

新　広告費50,000／
梅　／現金50,000

その後，反対の支店名を記入し完成です。

新　広告費50,000／梅田校（への負債）50,000
梅　新宿校（への債権）50,000／現金50,000

理解のためには，上記の（　）内の内容を仮定として補足して考えましょう。梅田校は建て替えた現金を新宿校に請求する権利を持ちます，当然（債権）は資産ですので，左定位置に入ります。逆に，新宿校は梅田校に支払う義務がある（負債）ですので，右定位置に入ります。まずわかりやすい**資産の動きから考えていく思考の流れは他の期中仕訳と同じ**です。

■「本店集中計算精度」

次に，「本店集中計算精度」を解説します。今回は上記2校（支店）のほかに枚方本校（本店）が登場します。

まず，本支店を無視した仕訳を2段で記述するまでは同じです。

新　広告費×××／
梅　／現金×××

「本店集中計算精度」は全部本店がやってくれると考えるため，相手方は両方本店となります。これは簡単ですね。新宿校・梅田校の仕訳は以下のようになります。

新　広告費50,000／本店（への負債）50,000
梅　本店（への債権）×××／現金×××

次に本店の仕訳ですが，梅田校から50,000円を預かって（梅田校から現金が左に入り，

理由は梅田校から），

　　現金×××／梅田校×××

新宿校のために支払いをした（現金が右から出ていき，理由は新宿校のため），

　　新宿校×××／現金×××

と考えます。そして左右の現金を相殺すると，

　　新宿校×××／梅田校×××

となります。

取得金額と価値のズレを調整するのれん

診断士1次試験で近年，比較的多くの出題がある「のれん」。苦手意識のある受験生も少なくないと思います。この論点も，「変動記録仕訳」の応用編と考えていただければ理解がしやすいでしょう。もちろん，実物の「暖簾」とは関係がありません。

「のれん」とは，いわゆるM&A（企業買収）をしたときに発生することがあります。**買収された側の企業**における時価で評価された純資産（資産－負債）と，実際に支払われる買収価額の差額のことをいいます。

すなわち，純資産より高い買収価格であるならば，その差額は**被買収企業の「ブランド的価値」**や**「将来性の評価価値」**等になります。

では，以下の設例と図を使い，解説していきましょう。

被買収会社（資産）	被買収会社（負債）
①純粋な財務的価値	取得価額
のれん　ブランド価値等	

上記図の資産と負債の差額の部分が，純粋な財務的価値となります。では仕訳を検討しましょう。

甲社は，純資産800万円の乙社を1,000万円で買収しました。

セオリーどおりに，まずは資産（現物）の動きを追います。図では現金1,000万円が右から出ていき，資産が800万円，左に増える形となります。

そのときの仕訳は，

資　産800／現金1,000
のれん200／

左が200少なくなるので，その差額分を「のれん」として扱い，このような形になります。また，この場合にはのれんは左側ですので，必ず「費用」か「資産」のどちらかの項目になります。

簿記会計では，ここで「のれん」は「費用」ではなく「(無形固定）資産」になると考えます。

結論として，資産が1,000出た代わりに「のれん」という**無形固定資産を含んだ資産**が1,000入る形になります。

つまり，特許権等と同じように利益を生み出すための「形のない権利」扱いになるのだと考えてください。「ブランド（商標)」とは，正しくそういうものであるともいえます。

図では，①の部分が資産と負債の差額分であり「純粋な経済価値」を示しており，その部分と取得価額との差額がブランド価値等を示しています。

買収で純資産より買収価格のほうが低い場合を「**負ののれん**」と呼びます。

利益なのに，「負」というマイナスのイメージを持つ漢字が使われているので注意してください。これは例外的な事象になります。すなわち，取得価額（売る側としてはもらう金額）が純資産より少ない場合は売る側が自分で売却するほうが得であるため，通常ならそちらを選択するはずです。このような取引が資本市場で行われることは純理論的にはありえません。そのため，企業の通常の経済活動とは直接関わりのない，その期だけの特別な要因によって発生した利益，すなわち「特別利益」となります。

現金過不足の取扱い

苦手とする受験生も多いのですが，現金過不足に関する仕訳も，「変動記録仕訳」の考え方を応用すれば何も難しくはありません。

現金が計算結果より多い場合には，**とりあえず資産が増えた**と考え，左に現金（資産）を入れます。そしてその理由としてとりあえず一時的に「現金過不足」という仮の理由をつけておきます。現金が不足する場合はもちろんその逆で，とりあえず資産が減少しているので現金を右に置き，その理由を左側に置くだけです。

この勘定科目も，左右同型のハイブリッド勘定であることが理解を妨げる要因のようです。左に現れる場合は「現金過不足（不足)」，右に現れる場合は「現金過不足（過剰)」というカッコ内が省略されていると考えると理解しやすいのではないでしょうか。

通常は調査により原因が判明しますので，その場合には，実体が変わらない振替仕訳として，現金過不足という仮の名札を外して反対側に置いて消去し，本当の理由を記入します。

当初（a）×××円の現金が不足していたときの仕訳と，（b）後の調査で交通費の記入漏れであることが判明した仕訳を以下に示します。

仕訳（a）　現金過不足×××／現金×××

まず，不足なので，現金が（知らぬ間に）外に出たと考え右に現金を記入します。

その理由が不明なので，左にとりあえず「現金過不足」を記入します。

仕訳（b）　交通費×××／現金過不足×××

次に理由が判明したため，現金過不足という仮の名札を外して（仕訳（a）で左側にあるので反対の右側に記入）し消去します。その後「交通費」という本当の名札を付けます(左記入)。

すべての「ハイブリッド勘定」は，決算までの計算過程における一時的な仮の項目ですので，必ず消去しなければなりません。そのため，最後までわからない場合は「雑損」「雑益」という勘定科目に入れて終了します。上の仕訳（b）の例で，最後まで理由が不明なときには，

仕訳（c）　雑損×××／現金×××

となります。

仮払金・仮受金の取扱い

これらの処理も，現金過不足の場合と考え方は同じです。

仮受金は詳細不明な入金があった場合に使用する勘定科目ですが，とりあえず現金が入るという事実があるため左に現金を置き，右に仮の名札である「仮受金」を記入します。

仕訳（a）　現金×××／仮受金×××

その後，取引先からの売掛金の支払いと判明したときは。仮の名札を反対に置き，正しい名札である「売掛金」に取り替えます。

仕訳（b）　仮受金×××／売掛金×××

従業員に使途を明確にせずに現金を先渡しする「前払金」も考え方は同じで，左右が反対になるだけです。

また，「前払金」「前受金」についても，上記の科目について内容が判明している場合であると考えれば，仕訳については共通の構造ということができます。

現金支出のない費用の統一的理解を図る

■減価償却費

財務・会計に苦手意識を持つ受験生の方から質問が多い項目に減価償却があります。特に，費用なのに現金等の支出がないことがイメージしにくく，何かすっきりしないという悩みをよく聞きます。減価償却費については，1次試験・2次試験を問わず，またNPVやCS等，分野をまたいで理解が必要とされる場面の多い，極めて重要な項目です。

ここでは「退職給付引当金」や「繰延資産」等，**支出の時期と費用化の時期にズレがある項目**についての統一的な理解を図ります。

■PLとBSの混同

財務・会計が苦手な方がまず第一に注意すべき点として，**PL（損益計算書）の取引とBS（貸借対照表）の取引を混同しない**ように十分な注意を払うことが必要です。実際の財務・会計のルールや税法上の実務でも，現実的な効率性からの要請もあり，本来は**BSの取引であるのにPLに表示される例外的な処理**があります。

ここでは，本来の理論的あるべき姿と現実の例外的なルールを峻別して理解する必要があります。簡単な例を見てみましょう。

皆さんの職場で，文房具を事務用品のストックとして購入するときの会計処理はどうなっているでしょう？ 本来的には文房具という資産の増加と現金の減少なので，BS上の取引となるはずです。しかし，ボールペンを1本ずつ数え，BSにストックとして反映させなければならないのでしょうか。現実の効率性を考えると手間がかかりすぎるうえに，少額ならば費用として処理しても利害関係者が判断を誤ることも考えにくいことから，例外的に購入時に費用処理されます。

正直，筆者も初めて簿記を学習したときに「機械の購入は費用になるのでは?」という疑問がずっと頭の中にありましたが，今思うと典型的なPLとBSの混同でした。

■減価償却等の必要性

先に述べたとおり，財務諸表の存在理由は，利害関係者への正確な報告です。そのために，財務諸表を作成するにあたり「企業会計原則」「原価計算基準」等のルールが多数定められています。

そのなかで減価償却等，財務・会計に苦手意識のある方が難しく感じる論点の理解に必要な**「費用収益対応の原則」**と**「保守主義の原則」**という2つの原則をここで取り上げます。

なお，ここではイメージ的な理解を優先するため，「会計学の学問的な正確さ」にはこだわっていません。したがって，以下の説明では「費用収益対応の原則的な」「保守主義の原則的な」と考えてください。

■「費用収益対応の原則」

最初の重要な原則に「費用収益対応の原則」があります。企業会計原則のなかの損益計算書原則一Cには以下の規定があります。

費用及び収益は，その発生源泉に従って明瞭に分類し，各収益項目とそれに関連する費用項目とを損益計算書に対応表示しなければならない。

規定のなかの対応表示とは，かかった費用がどの売上（収益）にどのように結びついているか，わかるように表示しなさいということです。売上高と売上原価（例えばラーメン1杯当たりに必要な原材料費）のように，対応関係が明らかにわかる収益及び費用については，その個別的対応関係に基づいて当期の損益計算書に表示します。

しかし，販売費及び一般管理費（例えば総務部長の給料）等のように，売上高との**個別的対応関係が希薄（よくわからない）なもの**については，当期に帰属する部分を期間対応関係に基づいて損益計算書に表示します。例えば，上述の間接部門の給与のほか，ある年度に自家製麺の機械を購入したとしてその費用（機械が収益にどのように貢献しているか）についてラーメン1杯ずつの売上と正確に対応させることは困難です。そのため，通常は1年間という会計期間で対応づけを行います。

減価償却費・貸倒引当金・繰延資産・退職給付引当金等の重要なルールの多くが，この原則のなかの「個別的対応関係が希薄であり（ある意味仕方なく）期間対応関係に基づいて損益計算書に表示しなければならない」要請から規定されています。

■「保守主義の原則」

さらに，別の観点に保守主義の原則があります。企業会計原則の一般原則六には「保守主義の原則」としておおむね以下のように規定されています。

企業の財政に不利な影響を及ぼす可能性がある場合には，これに備えて適当に健全な会計処理をしなければならない。ただし過度になってはいけない。

簡単にいえば，不利な環境変化に備えて「健全な会計処理」，言い換えると**利益は控えめに計上する方向**で処理を進めましょうということです。一見全く別物に見える「減価償却費」「貸倒引当金」「退職給付引当金」等のルールも，原理的に存在理由から考えれば共通部分も多いのです。ルールによって費用収益対応の原則と保守主義の原則の両方の考え方が当てはまるものもあれば，片方だけのものもあります。

例えば「繰延資産」については，「実物の資産が存在しないのに資産が計上される」ため保守主義の観点からは本来許されませんが，費用収益対応の原則から例外的に認められていると考えることができます。

■現金の支出がないのになぜ費用？

まず，よく疑問に出る「現金の支出がないのになぜ費用?」から解説しましょう。BSを物体に例えると，BSは大きくなったり小さくなったり変化をします。総資産が1,000万円の企業に1,000万円の増資が行われた場合，総資産は2,000万円になり大きさは倍になったといえます。

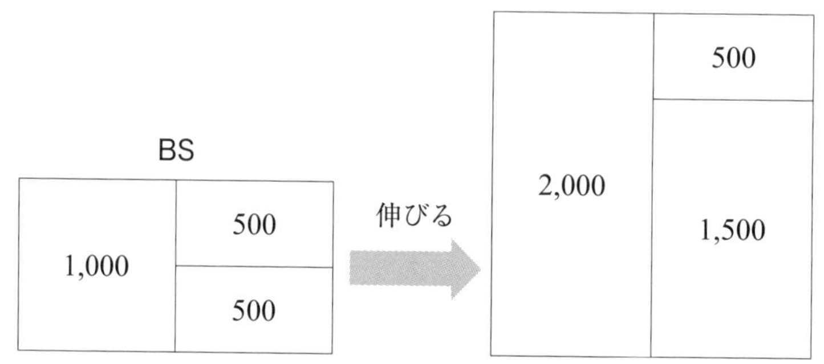

ポイントは，この大きさの変化は金や物の出入りだけでなく，**価値の増減でも起こる**ということです。

■保守主義的な考え方と減価償却

まず，直感的にわかりやすい保守主義的な考え方で減価償却を考えてみましょう。生産に必要な機械を1,000万円で買ったと仮定します。当然それはBSの（固定）資産の部に計上されます。

もし，これを2年後，3年後にもそのまま何の処理もせず放置しておいてよいでしょうか。**機械は使用するに従って価値は下がっていきます。**それなのに，購買時の価格で資産としてBSに記載があるということは，財務諸表の目的である「利害関係者への正確な報告」に反します。特に，BSの資産額を重要な判断材料にする債権者を害する可能性があります。ですから，**現状に応じて資産価値を減じていく必要**があります。

しかし，現実問題として1つ1つの資産について正確な価値を調べることは困難であるため，定額法や定率法等，一定の機械的な会計処理で価値を減少させます。
そのときの複式簿記の仕訳（直接法）は，

減価償却費100／建物100

となり，建物が物理的に減少するわけではありませんが，イメージ的には「建物の価値が外に出ていく」仕訳を行います。

※実際の減価償却費の仕訳は，上記の費用収益対応の原則のルールに基づいています。

しかし，仮定として保守主義的に仕訳を考えるなら，

建物等減耗100／建物100

のようになるでしょう。これを有価証券の仕訳と対照すると，株券のような有価証券自体が物理的に減少するわけではないのですが，価値が下がった場合の

有価証券評価損100／有価証券100

と考え方は同じです。

■直接法の欠点

ただし，現実的には建物や機械等は減価償却期間が終わった後も使用することが多く，直接法では資産自体がどれくらい現実に存在しているかという現実の状態がわからないため，間接法で仕訳を行います。ですから**原理的には直接法の仕訳が本来の仕訳**ですが，償却資産の現実的保有量を表現するために**必要なテクニックとして間接法**が用いられていると思ってください。次に仕訳の例を見てみましょう。

減価償却費100／建物100

という直接法の仕訳では，償却が終わったときにはBS上の（償却対象）建物は残存価額が0になりますが，実際には当該建物は当分の間は使用され，経営にとって有用な資産であり続けるのが一般的です。

減価償却費100／減価償却累計額100

と仕訳することで，資産項目の資産と減価償却累計額を足すことで，BSに実際の保有資産に近い状況を表すことができます。

■費用収益対応の原則と減価償却

では，もう1つの費用収益対応の原則から考えてみましょう。

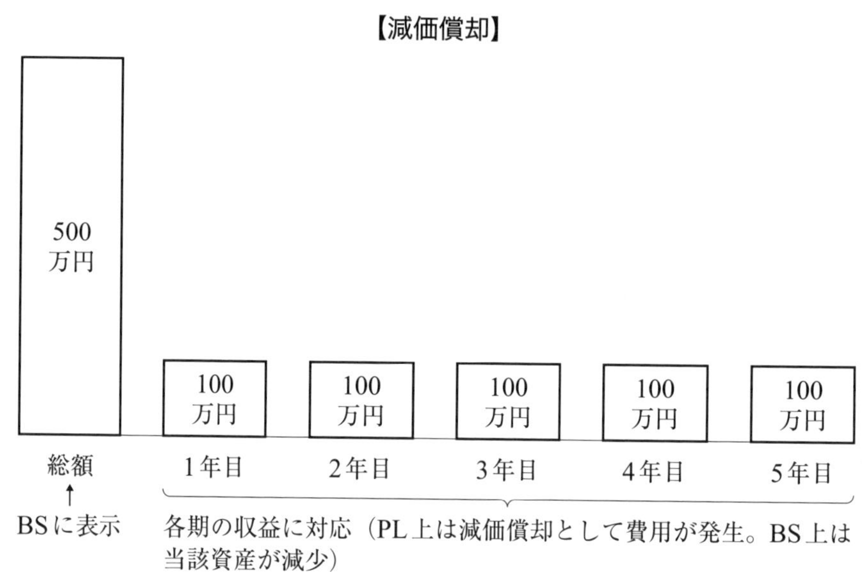

例えば，1,000万円の機械を購入した場合，購入年度の決算で全額費用計上すると大幅な赤字が出る可能性があります。また，2年度以降は当該機械についての費用が計上されないため，実力以上の黒字が発生する可能性があります。

つまりこれも，財務諸表の目的である「利害関係者への正確な報告」に反します。機械等は次の年以降も利益を上げるために使っていくもの，つまり**次年度以降の収益にも対応する費用**なので，毎年一定額ずつ費用に計上していくというものです。

■研修費の一括前払いも構造は実は同じ

もう1つ，比較的イメージしやすい例を考えてみましょう。あなたが経営者として，研修会社の商品券を，ボリュームディスカウントで5年分，500万円で買うと仮定します。そのときの仕訳を先の機械購入の例と比較してみましょう。

商品券500（資産の増加）／現金500（資産の減少）

となり，商品券は売り払うこともできる資産ですので，総額はBSに表示されます。これは現金で資産を購入するという意味では，前述の機械の場合の仕訳

機械装置500（資産の増加）／現金500（資産の減少）

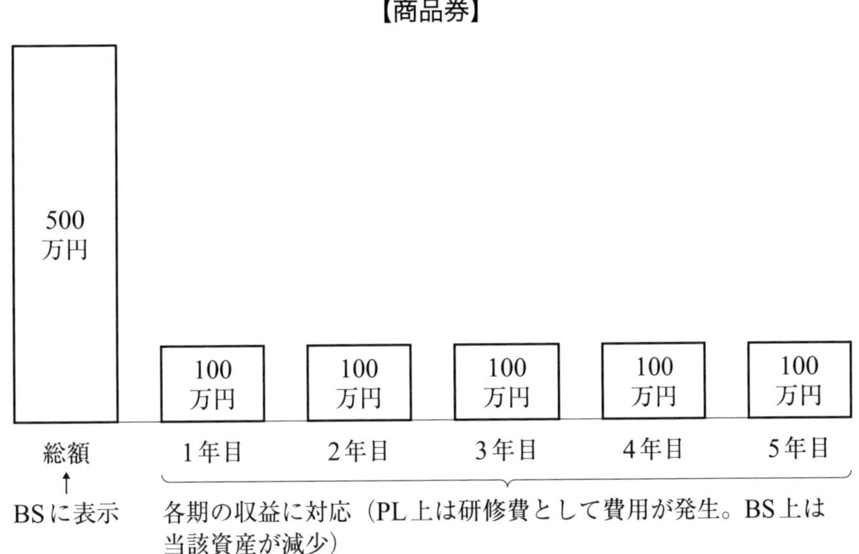

と同じ構造です。5年間に分割してその商品券を使い，研修を受けるときの各年度の仕訳と減価償却の仕訳を下に並べてみます。

研修費100（費用の発生）／商品券100（現金以外の資産の減少）
減価償却費100（費用の発生）／機械装置100（現金以外の資産の減少）

となり，費用が発生しているのに現金の支出はありません。つまり，p.36の図の**減価償却（直接法）の各年度の仕訳と構造は同じ**です。

■貸倒引当金

貸倒引当金についても同じように考えることができます。すなわち，「保守主義の原則」からは「売掛金」や「手形債権」は通常一定の回収不能分（貸倒れ）が発生しますので，その分の債権価値を減じておくと考えることができます。

また，「費用収益対応の原則」からは，現金決済のみではなく「掛け売り」や「受取手形」による決済（現金後払い）を相手に認めたからこそ，現金決済のみの場合よりも売上が増加した。つまり「一定の貸倒れ」は，当年度の売上の増加に対応した販促費（費用）の一種とも解釈できます。

■退職給付引当金

退職給付引当金についても，基本的な考え方については減価償却費と同じです。違いは，減価償却費が実際の現金等の支出が時間的に先（前）に来るのに対して，退職給付引当金については時間的に後，つまり退職時に発生することです。「費用収益対応の原則」的考え方からは，退職金の**支払いは退職時の会計期間に集中して発生**しますが，その**発生原因は，退職する従業員の全在職期間**（下図では4年間の利益獲得）**に対応**しています。

極端な例として，従業員が1人だけの場合で退職時に多額の退職金が支払われたとき，これを全額その期の費用に計上した場合には，減価償却費の場合同様，大幅な赤字が出る可能性があります。また，その年度以前は当該従業員についての費用が計上されないため，利益本来の額より過大に計上される可能性があります。このことは，**高額な機械を購入した年にすべて費用化する場合と時間的な違い（支出が前か後か）があるだけで，同じ構造**です。

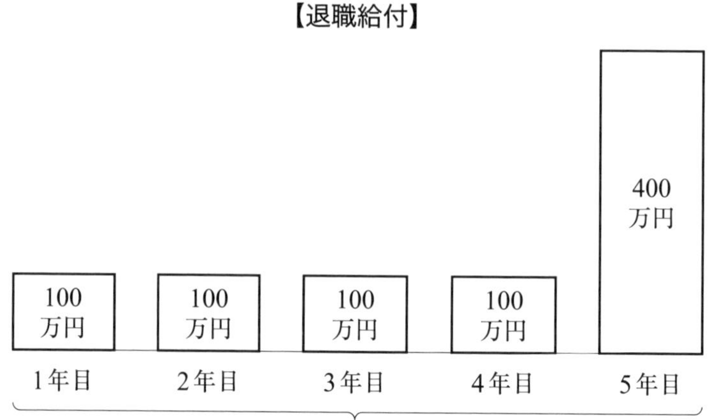

「保守主義の原則」からも考えてみましょう。退職給付引当金というルールがない場合，順調に利益を上げている企業だと思い投資をしたら，莫大な退職金の支払いが突然発生し赤字になるケースが考えられます。また，退職給付引当金は負債性引当金の1つであり，文字どおり将来確実に発生する支払い（これは事実上本来の負債である借入金や社債と性質的には同じ）について，あらかじめ準備する意味ではまさしく典型的な「保守主義」の表れともいえます。

■繰延資産

最後に，開発費等の繰延資産です。考え方は減価償却と同じですが，「減価償却」や先ほどの「商品券」と異なり実際の資産が存在しません。したがって，**保守主義の原則からは本来的には許されない，かなり例外的な規定**となっています。しかし「開発費」のような会計年度をまたいで長期的に利益に貢献する「実質的には投資に近い費用」を表示する場合に，**「費用収益対応の原則」からの要請を優先**させたと考えられます。そのうえで，BSには「繰越資産」と明示することで，その分の現物資産は存在しない旨を外部の利害関係者が認識できるようにすることでバランスをとったと考えてください。

■減価償却費の計算

減価償却費の額を直接問う問題は1次試験・2次試験ともにあまり見受けられませんが，解答への計算過程の途中で必要となる場合が多くあります。以下の式は超基本論点ですので，間違いは許されません。

例）機械1,000万円　耐用年数5年　残存価額0%　償却率40%

定額法による年間減価償却費＝（取得原価－残存価額）÷耐用年数
　(1,000－0)÷5＝200　より，各年度200万円ずつ均等に償却
定率法による年間減価償却費＝（取得価額－期首累計額）×償却率

1年目　1,000×0.4＝400
2年目（1,000－400）×0.4＝240
3年目（1,000－400－240）×0.4＝144

のように償却額が漸減します。

過去問題演習①

〈平成24年度　第1問〉

解答・解説はp.44

次の仕訳の説明として最も適切なものを下記の解答群から選べ。

（借）仕入400,000　　（貸）売掛金400,000

［解答群］

ア　掛売りした商品のうち400,000円分の返品を得意先から受けた。

イ　商品400,000円を掛で仕入れた際に勘定科目を貸借反対に仕訳していたので訂正した。

ウ　商品400,000円を仕入れ，為替手形を振り出し，得意先の引き受けを得て仕入先に渡した。

エ　商品400,000円を返品した際に誤って掛売りとして仕訳していたので訂正した。

過去問題演習②

〈令和３年度　第２問〉　解答・解説はp.45

本支店会計において本店集中計算制度を採用している場合，A支店がB支店の買掛金200,000円について小切手を振り出して支払ったときの本店の仕訳として，最も適切なものはどれか。

ア　（借）A支店　200,000　（貸）B 支 店　200,000

イ　（借）B支店　200,000　（貸）A 支 店　200,000

ウ　（借）買掛金　200,000　（貸）当座預金　200,000

エ　（借）現　金　200,000　（貸）買 掛 金　200,000

過去問題演習③

〈平成25年度　第6問〉 解答・解説はp.46

以下の資料はA社の貸借対照表および関連する情報である。A社を現金620,000千円で買収する際に生じる，会計上ののれんはいくらか。最も適切なものを下記の解答群から選べ。

【資　料】

貸借対照表

（単位：千円）

売 掛 金	200,000	借 人 金	300,000
棚卸資産	500,000	資 本 金	600,000
備　　品	400,000	剰 余 金	200,000
	1,100,000		1,100,000

売掛金の時価　150,000千円
棚卸資産の時価　450,000千円
備品の時価　220,000千円

負債の簿価は時価と等しい。

［解答群］

ア　のれん　0千円

イ　のれん　100,000千円

ウ　負ののれん　80,000千円

エ　負ののれん　180,000千円

過去問題演習④

〈令和４年度　第２問〉 解答・解説はp.47

A，B，Cの各商店は，いずれも資産2,000万円，負債500万円を有する小売業であるが，あるとき各商店ともそれぞれ800万円で店舗を増築した。支払いの内訳は以下のとおりである。

・A店は全額を自店の現金で支払った。
・B店は建築費の半額を銀行より借り入れ，残額を自店の現金で支払った。
・C店は全額，銀行からの借り入れであった。

下表のア～オのうち，増築後の各商店の財政状態を示すものとして，最も適切なものはどれか。

（単位：万円）

	店名	資産	負債	純資産
ア	A	2,000	500	1,500
	B	2,000	900	1,100
	C	2,800	1,300	1,500
イ	A	2,000	500	1,500
	B	2,400	900	1,500
	C	2,800	1,300	1,500
ウ	A	2,800	―	2,800
	B	2,800	400	2,400
	C	2,800	800	2,000
エ	A	2,800	500	1,500
	B	2,800	900	1,500
	C	2,800	1,300	1,500
オ	A	2,800	500	2,300
	B	2,800	900	1,900
	C	2,800	1,300	1,500

過去問題演習①　解答・解説

〈平成24年度　第1問〉

■解答へのステップ

仕訳からどのような取引が行われたかを逆算する問題です。
変動記録仕訳の原理から考えていきましょう。

■解答フロー

❶ 選択肢の確認

仕訳は以下のとおりです。

（借）仕　入400,000　　（貸）売掛金400,000

❷ 選択肢ア：掛売りした商品のうち400,000円分の返品を得意先から受けた。

そもそも全体で見ると，返品分の資産が左に入り，売掛金という権利（資産）が右からなくなるという動きです。

返品を受けることと「仕入」は違いますので不正解です。

❸ イ：商品400,000円を掛で仕入れた際に勘定科目を貸借反対に仕訳していたので訂正した。

「商品400,000円を掛で仕入れた」仕訳は仕入が左，買掛金が右に来ます。

逆にしても「売掛金」が存在しないので不正解です。

❹ ウ：商品400,000円を仕入れ，為替手形を振り出し，得意先の引き受けを得て仕入先に渡した。

「為替手形」で商品を仕入れているので左は正解です。ではその代金はどうしたかというと，売掛金という権利が減少しています。為替手形とは「買掛金」の支払いを「売掛金」という権利で支払うものですから正解となります。

❺ エ：商品400,000円を返品した際に誤って掛売りとして仕訳していたので訂正した。

「商品を返品」ということは，元々仕入をしていたものが減るのですから仕入は右に来るはずなので不正解です。

よって，正解はウとなります。

過去問題演習② 解答・解説

〈令和３年度　第２問〉

■解答へのステップ

本支店会計の問題です。まず解法に従い，本店支店の存在を無視して取引に関する仕訳を上下2段に分けて行います。

■解答フロー

❶ 本支店を無視した仕訳の確認

A支店がB支店の買掛金200,000円について小切手を振り出して支払ったときの本店の仕訳とありますので仕訳を切ると，まず小切手を振出したということは当座預金（資産）が右から出ます。

その理由は買掛金（負債）の返済ですので，買掛金を左に記入します。2段階にすると，

A店　　　　　　　　　／当座預金200,000
B店　買掛金200,000／

❷ 本店を加えた両店舗の仕訳は，

A店　本店（への債権）／当座預金200,000
B店　買掛金200,000　／本店（への債務）

❸ 本店側は，小切手（当座預金という資産）を預かったその理由はA店からですので，

当座預金200,000／A店（への債務）

次に買掛金の支払いをしていますが，その理由はB店のためにしていますので，

B店（への債権）／当座預金200,000

❹ 当座預金を相殺すると，

B店（への債権）／A店（への債務）

となり，正解はイとなります。

過去問題演習③　解答・解説

〈平成25年度　第6問〉

■解答へのステップ

のれんの問題です。ポイントは買収された側の企業における時価で評価された純資産（資産－負債）と，実際に支払われる買収価額の差額を丁寧に計算します。

■解答フロー

❶ まず買収金額は，問題文より620,000千円と判明します。

❷ 次に，純資産額を計算します。

資料

売掛金の時価	150,000千円
棚卸資産の時価	450,000千円
備品の時価	220,000千円

より，資産は150,000 + 450,000 + 220,000 = 820,000

負債の簿価は時価と等しいため300,000をマイナスすると，純資産は520,000千円になります。

❸ 買収金額の620,000千円から520,000千円をマイナスすると100,000千円となり，正解はイとなります。

❹ 本問では問われていませんが，以下の2点に注意してください。

(a) 簿価が出てきた場合には，斜線を引いて消去し，ケアレスミスをなくす。

(b)「負ののれん」について資産自体はプラスになるため，混同に注意する。

過去問題演習④　解答・解説

〈令和４年度　第２問〉

■解答へのステップ

仕訳とBS ／ PLの関係性の理解を試されるシンプルな良問です。

■解答フロー

❶設問文に「増築」とありますので，基本的には「資産」の増加になると考えられますが，場合により「費用」の増加になる可能性もあります。

❷まず，各店舗は最初2,000万円の資産を持っていることが問題文より判明します。

❸資料を見ると，増築後もすべての選択肢の資産が減少していません。仮に増築が「費用」という解釈であるなら必ず資産の減少が起こるはずです。

※例えば現金10,000円のみの資産を持つ会社が交通費2,000円を支払った場合には資産は8,000円に減少します。

❹そのため，増築は「資産」の増加になり，仕訳の左側に800が増加します。

❺A店はシンプルに右から同額の現金が出ていきますので，右に現金800という仕訳になります。

この場合には，増築と現金の資産項目中の変更になるため，A店のBSは以前と変更がありません。この時点で選択肢はアかイに絞られます。

❻次にB店を見ると，800万円の半額である400万円を借入れています。これは負債の増加に当たると同時に，資産の増加になります。仕訳は左に現金400万円が入り，その理由は負債になります。

この時点で資産が2,400万円に増加し，その後の増築に関する支払は❺で解説したとおり資産内での項目の変更であるため，資産が2,400万円の選択肢イが正解と判明します。

第2章

財務分析

■記憶ポイントと基礎知識

財務分析とその応用である財務経営分析は，1次試験・2次試験対策のみならず皆さんが合格後にコンサルタントとして活躍する現場においても極めて大切になります。また，2次試験への橋渡しとしても重要ですので，2次試験との関係も含めて解説します。記憶ポイントは，以下に挙げる財務指標の計算式と，大小どちらがよい数字かを100%覚える必要があります。

個別論点に入る前に，指標の評価は業種・業態により大きく変化するということを意識してください。したがって，一部の指標を除いて絶対的な良し悪しはあまりなく，同業他社平均との比較や，自社の過年度分との比較により分析を行うことが多くなります。

(1) 収益性

まず，安全性・収益性・効率性の主要指標のなかでも，試験対策上最も重要な収益性の指標を取り上げます。その理由は，**収益性の指標は他の指標と違い損益計算書**（以下，PL）**上の利益に直結**する，すなわち企業の業績評価として最も重要視される利益を分析する内容だからです。2次試験の指標を選ばせる問題でも，安全性や効率性の指標が選択されないことはあっても，収益性の指標が選択されなかったことはないようです。

売上高総利益率：総利益／売上高×100%

粗利益率とも呼ばれ，売上高に対して売上総利益（粗利益）が何%かを示す指標です。企業の収益性を判断する際の基本的な経営指標であり。この指標がよい場合は，その企業の持つ商品・製品・サービス等の競争力の強さにつながることが多くなります。逆に，業界内の価格競争が激しい場合や取引先に対する立場が弱い場合には，商品力と関係なく悪化することもあります。

売上高売上原価率：売上原価／売上高×100％

上記の売上高総利益率とは裏表の関係になります。製造業においてはコストコントロールの観点から重視されます。

売上高営業利益率：営業利益／売上高×100％

営業利益は，売上総利益から販売費及び一般管理費を差し引いて求めます。生産，販売，管理まで含めた企業全体の実力で本業がいくら稼ぐ力があるかを見る指標で，一般的に「売上高経常利益率」とともに企業業績を測る指標としてよく用いられます。

売上高販管費比率：販売費及び一般管理費／売上高×100％

売上高営業利益率とは裏表的な関係といえます。

売上高経常利益率：経常利益／売上高×100％

経常利益は，営業利益に営業外収益を足し営業外費用を引いて求めます。営業外収益には受取配当等，営業外費用には支払利息等が含まれていますが，営業外損益のなかでは金融費用（主として支払利息）の分析が重要になります。営業利益が本業による稼ぐ力を見る指標だとすれば，経常利益はそれに加え，財務活動から生じる収益や資本調達コストを勘案することにより，企業の恒常的な稼ぐ力を測るものといえます。

売上高金融費用比率とは裏表的な関係ともいえます。

☞２次試験に向けて

2次試験の事例Ⅳには，必ず第1問で財務指標の分析の問題が出題されます。2次試験において100％確実に出題される分野は，事例Ⅰ～Ⅳのうち経営分析だけです。

過去問題では，問題や課題のある指標，優れている指標を与件文と与えられたBS・PL等を分析して指摘させるパターンが多くなっています。

過去問題を見ると，収益性の指標については比較的バランスよく出題されており，極端な偏りはありません。気をつけるべき点としては，**指標を選択するときに安易に「売上高営業利益率」や「売上高経常利益率」を使うべきではない**ということがあります。

販管費に問題があるときは「売上高販管費比率」，支払利息等に問題がある場合には「売上高金融費用比率」というように，できるだけ問題点をピンポイントに指摘する指標を使うべきです。

しかし，多くの受験生が安易に「売上高営業利益率」「売上高経常利益率」を使用する傾向が見られます。特に「売上高営業利益率」を指摘する場面は，受験生の方が考えるより実際にはずっと少ないです。「売上高営業利益率」を指摘するときは粗利益と販管費を，「売上高経常利益率」を指摘するときは粗利益・販管費・金融費用のうち2つまたは3つが同時に「良い」または「悪い」場合に，それを同時に指摘する場合に使用します。そうでない場合はピンポイントの指標（「売上高販管費比率」等）を使用します。

(2) 安全性

安全性の指標には注意が必要です。特に，固定比率と固定長期適合率については高いほうがよいのか低いほうがよいのかを間違いやすいです。その対応策としては，この指標を見たらその上に赤字で「低いほうがよい」と書き込むことでミスを防止します。収益性や効率性の指標と違い，ある程度の絶対的評価が可能であることも特色です。

流動比率：流動資産／流動負債×100%

流動比率は短期の支払能力を判断するために用いられ，1年以内に現金化できる資産が，1年以内に返済すべき負債をどれだけ上回っているかを表す指標です。原則的に，200%以上が望ましく，少なくとも100%以上必要です。100%以下は1年以内の短期での支払能力がなく安全性に問題があることを意味します。ただし，業種により差があります。

当座比率：当座資産／流動負債×100%

当座比率とは，流動比率とともに短期の支払能力を判断するために用いられ，当座資産と流動負債の金額を比較することで表す指標です。当座資産は流動比率の分子（流動資産）に含まれる棚卸資産を含まないため，より厳密に支払能力の判定が可能となります。流動比率同様に，100%以上あることが必要です。

固定比率：固定資産／自己資本（純資産）×100%

固定比率は，1年以内に現金化されることのない固定資産の購入について，どの程度，返済義務のない純資産（自己資本）で賄っているかを表す指標です。

一般的に100%以下ならば自己資本の範囲内で設備投資しており理想的で，長期の安全性の面からは安全圏といえます。

固定長期適合率：固定資産／(自己資本＋固定負債)×100%

固定資産への投資が，自己資本の枠内とまではいかなくとも，せめて長期的な資本（自己資本と固定負債）の枠内で賄われているかどうかを表す指標です。基本的には100%以下になっているのが目安です。

負債比率：負債／自己資本×100%

負債比率とは，安全性の指標のなかで，中長期的な安全性を測るときに使います。負債比率は，自己資本に対する他人資本（負債）の割合を示す指標です。当然に低いほど財務の安全性が高いと判断できます。

自己資本比率：自己資本／総資本×100%

自己資本比率は，負債比率同様，安全性の指標のなかで，中長期的な安全性を分析するときに使います。会社の総資本（総資産）のうち，どの程度が自己資本（純資産）で賄われているかを表している指標です。調達した資金のうち，返済義務のない資金の割合を表します。負債比率とは裏表の関係にあるといえます。

インタレストカバレッジレシオ：事業利益／金融費用（単位：倍）

金融費用に対する事業利益（営業利益と受取利息・受取配当金の合計）の比率を表す指標です。 その他の安全性の指標がBSに依拠し主に静的に安全性を分析するのに対し，インタレストカバレッジレシオはPLに依拠し，企業の動的安全性を分析する特色があるともいえます。

☞２次試験に向けて

過去の傾向を見ると，安全性の指標についてはかなり偏りが見られます。具体的には，短期の安全性では当座比率が，中長期の安全性では負債比率が圧倒的な出現数となっています。意外に思われるかもしれませんが，固定長期適合率は0回，インタレストカバレッジレシオ・固定比率と流動比率は別解として1回（KECの見解です）しか出ていません。

流動比率は分子に棚卸資産を含みますが，事例では棚卸資産が多いこと（在庫過多）はマイナスと捉えることが多いため，出現回数が少ないと考えられます。また，負債比率と自己資本比率についてはどちらでも構わない場合が多いですが，内部留保が問題のときには自己資本比率が適切であると考えます。

(3) 効率性

棚卸資産回転率（商品回転率）：売上高／棚卸資産

棚卸資産回転率とは，棚卸資産の平均と売上高を比較することにより棚卸資産の運用が効率的に活用されているかを表す指標です。棚卸資産回転率が低い，すなわち棚卸資産が多すぎるとキャッシュフローに悪影響を及ぼすほか，在庫管理が適切でないため，滞留在庫が発生して商品の陳腐化等の危険性も生じる可能性があります。逆に，棚卸資産の回転率が高すぎる（棚卸資産が少なすぎる）と，販売機会を逃すおそれが出てきます。

売上債権回転率：売上高／売上債権

受取手形，売掛金などの売上債権に対する売上高の比率を見ることで，売上債権がどれほどの速さで換金されたかを見る効率性を表す指標です。この比率が高ければ，売上から回収までの期間が短いと判断でき，資金繰りに与える影響は少ないと予想されます。

（有形）固定資産回転率：売上高／（有形）固定資産

売上高と（有形）固定資産を比較することにより，（有形）固定資産の金額に対して，どの程度効率的に売上をあげているのかを表す指標です。原則的には高いほど望ましいですが，研究開発や設備投資等の必要な投資を行うと一時的に有形固定資産回転率は低下することもあるため，状況を勘案する必要があります。

上記の指標も普通に考えて「回転するほど効率がよい」のは直感的に理解できます。

☞2次試験に向けて

効率性の指標については，棚卸資産回転率と（有形）固定資産回転率が頻出，売上債権回転率は過去3回程度の出題と思われます。与件文に比較的わかりやすいヒントがあり選択しやすい問題が多くなっています。

■1次試験問題の特徴

2次試験とともにほぼ100％出題があり，かつ配点も8～12点あることが多く，失敗の許されない分野です。

出題の形式もほぼ一定で，BSとPL（多くは2年分またはA，B2社の比較）から悪化または改善した指標を選択させるパターンが多くなっています。問題自体の難易度は比較的高くなく，ポイントを押さえ演習を積めば，攻略は難しくありません。

さらに，2次試験に比べ指標の数値そのものを計算する必要がないことが特徴です（詳しくは後述）。そのため，テクニックが非常に活きる分野でもあり，ここで2問を2分くらいで取れると，あとが楽になります。近年やや難解な問題も散見されますが，基本的知識がしっかりあれば正解が可能です。

■解答へのステップとフロー

❶ 選択肢の確認

大きく分類すると，以下の（A）（B）の2つのパターンに分けることができます。

（A）選択肢に指標が並んでおり適切な指標を選択させる問題

例）流動比率，当座比率，固定比率について，A社がB社より良好な場合（：Aで表す）とB社がA社より良好な場合（：Bで表す）の組み合わせとして最も適切なものはどれか。

ア　流動比率：A　当座比率：A　固定比率：A
イ　流動比率：A　当座比率：A　固定比率：B
ウ　流動比率：A　当座比率：B　固定比率：A
エ　流動比率：B　当座比率：B　固定比率：A
オ　流動比率：B　当座比率：B　固定比率：B

（B）選択肢に数値が並んでおり適切な数値を選択させる問題

例）G社の固定長期適合率として最も適切なものはどれか。

ア　75.0%　イ　83.3%　ウ　105.3%　エ　120.0%

しかし，解答を出す手順にそれほど差はありません。ポイントは，指標そのものの細かい数値まで計算しないということです。

❷ 指標の数値を求めるために必要な部分に丸をします

その場合も，X）計算が不要の場合と，Y）計算が必要な場合があります。

X）計算が不要の場合

総資本回転率ならば，PLの売上高とBSの総資産合計額に丸を入れます。また，売上高営業利益率ならば売上高と営業利益に丸を入れます。通常のBS，PLには売上高や営業利益等は明示されているので丸を入れるだけでOKです。

収益性の指標，効率性の指標は，ほぼこのパターンになります。

Y）計算が必要な場合

これに対し，安全性の指標を求めるために必要な流動資産・負債や当座資産・固定資産等はBSには計算に必要な数値が明示されていないので，別途計算が必要となります。

まず，①BS中の切れ目となるところに線を入れ，次に②補数を利用して暗算で計算し数値を記入します。このとき，流動負債が計算できれば総資産との差で流動資産が求められます。ですから一瞥したうえで計算のしやすいほうから計算します。

連続問題で切れ目が異なる場合には，線の色に変化をつけて区別します。

例）設問1で固定比率，設問2で固定長期適合率の数値が必要な場合，設問1の場合は純資産と負債の間に，設問2では長期借入金と短期借入金の間にそれぞれ線を入れますが，設問1は青，設問2は赤というように色を変更してミスを防止します。

❸ 絶対値の比較をしやすいところから手をつけます

指標の計算に必要な数値のうち，比較対象に同じ数値を含むものは計算が不要なため，先に処理します。

例）2社における売上高営業利益率の数値比較を求められている場合に，売上高か営業利益のどちらかが同じ数なら見るだけで答えが判明します。
売上が両社200であり，A社の営業利益が30，B社が20なら，A社がよいと一目でわかります（売上が同じならば営業利益が多いほうがよい）。

❹ 必要な数値を分数で記入します

そのとき，不要なゼロの削除と約分を行います。ただし，一見して，即座に答えが判明する場合は不要です。また，記入せずに判明する場合は記入を行わず次に進みます。

❺ 解答と比較し正解肢を選択します

❶のX）パターンの場合

2つの分数の絶対値の大小により解答を判断します。

過去問題を見ると，この時点で，見れば一目でわかる数になっていることが大半です。

例）500／300＜400／150　☞400／150＝800／300より
120／1,200＜110／1,000　☞120／1,200は1／10であるのに対して110／1,000は1／10（100／1,000）より大きい

わかりにくい場合は比較しやすいように，約分しやすい近似値に直して計算します。

例）95／114は95／115へ，91／105は90／105へ，5の倍数に変換して計算します。

❶のY）パターンの場合

分数の小数変換・近似値および対立項等を使い比較します。

例）まず答えが3／7である場合に，3／7は0.5より下であるため，0.5以上の選択肢は誤りとなります。また，絶対値が4分の1よりも大きいことも明白ですから，1／4（0.25）より小さい数も不正解となります。

では，次ページから診断士試験の過去問題を見ていきましょう。

過去問題演習①

〈平成23年度　第9問〉 解答・解説はp.60, 62

A社とB社の貸借対照表（要約）と損益計算書（要約）は次のとおりである。これらに基づいて下記の設問に答えよ。

貸借対照表（要約）

（単位：百万円）

資　産	A社	B社	負債・純資産	A社	B社
現金預金	120	50	支払手形	70	40
受取手形	80	70	買掛金	140	60
売掛金	160	80	短期借入金	90	50
有価証券	40	50	長期借入金	100	150
たな卸資産	100	150	資本金	200	120
有形固定資産	240	160	資本剰余金	140	110
無形固定資産	60	40	利益剰余金	60	70
合　計	800	600	合　計	800	600

損益計算書（要約）

（単位：百万円）

科　目	A社	B社
売上高	1,200	1,000
売上原価	800	700
売上総利益	400	300
販売費及び一般管理費	280	190
営業利益	120	110
営業外収益	90	40
営業外費用	30	20
経常利益	180	130
特別利益	40	30
特別損失	20	10
税引前当期純利益	200	150
法人税等	80	60
当期純利益	120	90

（設問1）

売上高売上原価率，売上高営業利益率，総資本回転率について，A社がB社より良好な場合（：Aで表す）と，B社がA社より良好な場合（：Bで表す）の組み合わせとして最も適切なものはどれか。

ア　売上高売上原価率：A　売上高営業利益率：A　総資本回転率：A
イ　売上高売上原価率：A　売上高営業利益率：A　総資本回転率：B
ウ　売上高売上原価率：A　売上高営業利益率：B　総資本回転率：A
エ　売上高売上原価率：A　売上高営業利益率：B　総資本回転率：B
オ　売上高売上原価率：B　売上高営業利益率：B　総資本回転率：A

（設問2）

流動比率，当座比率，固定比率について，A社がB社より良好な場合（：Aで表す）と，B社がA社より良好な場合（：Bで表す）の組み合わせとして最も適切なものはどれか。

ア　流動比率：A　当座比率：A　固定比率：A
イ　流動比率：A　当座比率：A　固定比率：B
ウ　流動比率：A　当座比率：B　固定比率：A
エ　流動比率：B　当座比率：B　固定比率：A
オ　流動比率：B　当座比率：B　固定比率：B

過去問題演習②

〈令和２年度　第11問〉 解答・解説はp.64

以下の資料に基づき計算された財務比率の値として，最も適切なものを下記の解答群から選べ。

【資　料】

貸借対照表

（単位：千円）

資産の部		負債・純資産の部	
現金預金	25,000	買掛金	40,000
売掛金	22,000	長期借入金	70,000
商品	13,000	資本金	50,000
建物	80,000	資本剰余金	10,000
備品	60,000	利益剰余金	30,000
資産合計	200,000	負債・純資産合計	200,000

損益計算書

（単位：千円）

売上高	250,000
売上原価	180,000
売上総利益	70,000
販売費および一般管理費	40,000
営業利益	30,000
支払利息	4,000
税引前当期純利益	26,000
法人税等	8,000
当期純利益	18,000

［解答群］

ア　固定長期適合率は155.6％である。

イ　自己資本比率は25％である。

ウ　自己資本利益率（ROE）は30％である。

エ　当座比率は117.5％である。

過去問題演習③

〈令和３年度　第10問〉 解答・解説はp.66

以下の貸借対照表と損益計算書について，下記の設問に答えよ。

貸借対照表（2020年度末）

（単位：千円）

資産の部		負債および純資産の部	
Ⅰ　流動資産	40,000	Ⅰ　流動負債	50,000
現金・預金	2,000	Ⅱ　固定負債	34,000
受取手形・売掛金	16,000		
商品	9,000	Ⅲ　純資産	
その他	13,000	株主資本	66,000
Ⅱ　固定資産	110,000		
資産合計	150,000	負債・純資産合計	150,000

損益計算書（2020年度）

（単位：千円）

Ⅰ　売上高	220,000
Ⅱ　売上原価	160,000
売上総利益	60,000
Ⅲ　販売費・一般管理費	50,000
営業利益	10,000
Ⅳ　営業外収益	
受取利息	4,000
Ⅴ　営業外費用	
支払利息	1,000
その他	1,000
税引前当期純利益	12,000
法人税，住民税及び事業税	3,600
当期純利益	8,400

（設問1）

固定長期適合率として，最も適切なものはどれか。

ア　60%　　イ　110%　　ウ　150%　　エ　167%

（設問2）

インタレスト・カバレッジ・レシオとして，最も適切なものはどれか。

ア　4倍　　イ　11倍　　ウ　12倍　　エ　14倍

過去問題演習①　解答・解説（設問1）

〈平成23年度　第9問〉

貸借対照表（要約）

（単位：百万円）

資　産	A社	B社	負債・純資産	A社	B社
現金預金	120	50	支払手形	70	40
受取手形	80	70	買掛金	140	60
売掛金	160	80	短期借入金	90	50
有価証券	40	50	長期借入金	100	150
たな卸資産	100	150	資本金	200	120
有形固定資産	240	160	資本剰余金	140	110
無形固定資産	60	40	利益剰余金	60	70
合　計	800	600	合　計	800	600

損益計算書（要約）

（単位：百万円）

科　目	A社	B社
売上高	1,200	1,000
売上原価	800	700
売上総利益	400	300
販売費及び一般管理費	280	190
営業利益	120	110
営業外収益	90	40
営業外費用	30	20
経常利益	180	130
特別利益	40	30
特別損失	20	10
税引前当期純利益	200	150
法人税等	80	60
当期純利益	120	90

（設問1）

売上高売上原価率，売上高営業利益率，総資本回転率について，A社がB社より良好な場合（：Aで表す）と，B社がA社より良好な場合（：Bで表す）の組み合わせとして最も適切なものはどれか。

ア　売上高売上原価率：A　売上高営業利益率：A　総資本回転率：A
イ　売上高売上原価率：A　売上高営業利益率：A　総資本回転率：B
ウ　売上高売上原価率：A　売上高営業利益率：B　総資本回転率：A
エ　売上高売上原価率：A　売上高営業利益率：B　総資本回転率：B
オ　売上高売上原価率：B　売上高営業利益率：B　総資本回転率：A

■解答へのステップとフロー（設問1）

❶ 選択肢の確認

全体を見ると，売上高売上原価率の選択肢が5肢中4肢がAとなっているのがわかります。

時折，選択肢がこのように一方に偏っている状況の場合は9割以上の確率で売上高売上原価率はAとなるので，いったん飛ばして次に行きます。

❷（A）パターン

売上高営業利益率について，売上高と営業利益に丸をして相互を比較します。

❸ 総資産・売上高・営業利益について数値を確認，同じ数値はないので順番に検討します。

❹ 記入はなし。

❺ 12／120（0.1）と11／100（0.1より高い）を比較すると，B社がよいので，選択肢のBに丸を入れます。

総資本回転率について，総資産の欄に□をして売上高とともに比較します。

12／8（1.5）と10／6（1.5＝9／6より高い）を比較すると，10／6が大きいので，選択肢のBに丸を入れます。

売上高営業利益率・総資本回転率ともにBは選択肢のエだけなので，正解はエとわかります。

過去問題演習①　解答・解説（設問2）

〈平成23年度　第9問〉

$\frac{500}{300} < \frac{400}{150}$

貸借対照表（要約）

（単位：百万円）

資産	A社		B社		負債・純資産	A社		B社	
現金預金		120		50	支払手形		70		40
受取手形		80		70	買掛金	300	140	150	60
売掛金	500	160	400	80	短期借入金		90		50
有価証券		40		50	長期借入金		100		150
たな卸資産		100		150	資本金		200		120
有形固定資産	300	240	200	160	資本剰余金	400	140	300	110
無形固定資産		60		40	利益剰余金		60		70
合計		800		600	合計		800		600

損益計算書（要約）

（単位：百万円）

科目	A社	B社
売上高	1,200	1,000
売上原価	800	700
売上総利益	400	300
販売費及び一般管理費	280	190
営業利益	120	110
営業外収益	90	40
営業外費用	30	20
経常利益	180	130
特別利益	40	30
特別損失	20	10
税引前当期純利益	200	150
法人税等	80	60
当期純利益	120	90

（設問2）

流動比率，当座比率，固定比率について，A社がB社より良好な場合（：Aで表す）と，B社がA社より良好な場合（：Bで表す）の組み合わせとして最も適切なものはどれか。

ア　流動比率：A　当座比率：A　固定比率：A
イ　流動比率：A　当座比率：A　固定比率：B
ウ　流動比率：A　当座比率：B　固定比率：A
エ　流動比率：B　当座比率：B　固定比率：A
オ　流動比率：B　当座比率：B　固定比率：B

※低いほうがよい

■解答へのステップとフロー（設問2）

❶ 選択肢の確認

選択肢には，設問1のような偏りや特徴は特に見当たりません。

❷ （B）パターン

安全性の指標なので，数値を求めるための前提としての計算が必要なパターンです。まず，BSの棚卸資産と有形固定資産の間と長期借入金と資本金の間に線を引きます。

資産側では固定資産項目のほうが明らかに計算が楽なので先に計算すると，A社は300，B社は200となり，資産合計との差額から流動資産はA社500とB社400が求められます。

同様に，負債・純資産側も純資産を先に計算するとA社は400，B社は300。

❸ 同じ数値はありませんので，求めやすいものを優先します。

❹ **テクニック☞この時点で判明した数値から固定比率がわかるので先に検討します。**

❺ 3／4と2／3を比較すると2／3のほうが低いので，固定比率についてB社に丸を入れます。

テクニック☞選択肢を確認すると，選択肢イは流動・当座ともにA，選択肢オは流動・当座ともにBとなっています。よって，流動比率・当座比率のどちらかが判明すれば正解がわかります。

テクニック☞当座比率は棚卸資産を除いた流動資産の計算を行う手間が必要なため，流動比率を計算します。

流動負債は差し引きでは求められないので，計算するとA社は300，B社は150となります。流動比率はA社が500／300，B社が400／150になり明らかにBが上（良好）です。

よって，正解はオとなります。

過去問題演習②　解答・解説

〈令和２年度　第11問〉

貸借対照表

（単位：千円）

資産の部		負債・純資産の部	
現金預金	25,000	買掛金	40,000
売掛金	22,000	長期借入金	70,000
商品	13,000	資本金	50,000
建物	80,000	資本剰余金	10,000
備品	60,000	利益剰余金	30,000
資産合計	200,000	負債・純資産合計	200,000

（注記：❻ 建物＋備品＝140、資本金＋資本剰余金＋利益剰余金＝90、❻❸ 長期借入金＋純資産＝160）

損益計算書

（単位：千円）

売上高	250,000
売上原価	180,000
売上総利益	70,000
販売費および一般管理費	40,000
営業利益	30,000
支払利息	4,000
税引前当期純利益	26,000
法人税等	8,000
当期純利益	18,000

■解答へのステップとフロー

❶ 選択肢の確認

全体を見るとすべての選択肢で求められる項目が違うため，比率の比較は直接使えない問題形式であることがわかります。

❷ 計算が簡単にできそうなものから順番に指標計算に必要な数字に○をして，概算しながら解答欄の数字と比較します。

❸ 自己資本比率が一番簡単そうです。

資本金と長期借入金の間に線を入れ，純資産の100の位を省略した数字を暗算で計算し90を記入します。

200分の90は明らかに25%ではありませんので×。

❹ 自己資本を計算しましたので，次にそれが使える自己資本利益率を見ます。PLの当期純利益に○をして比較すると，90分の18となります。選択肢の30%であれば9×3で27%となるはずですので×となります。

❺ 次は，当座比率は流動資産側を暗算すると47千円となり，計算が面倒そうです。

❻ そこで，比較的計算が易しそうな長期適合率を概算します。問題用紙左側の固定資産の部分に線を引き，暗算で140（下3桁は省略）を記入します。次に，右側の純資産と長期借入金の横に線を入れ200－40ですので160を記入。その時点で155.6%（2対1以上）ではないことが判明しますので×。

❼ 結果的に消去法で，正解はエとなります。

本問も正面から計算しようとするとかなりの時間がかかりますが。必要な部分に○をして概算で見れば短時間で正解が判明します。さらに，計算しやすいものから優先して取り掛かり，正解が判明すれば後の選択肢は概算で見ます。

エの数字も120%であれば40分の48ですので，47であれば近似値で117.5が正解であることが感覚的にわかります。

過去問題演習③　解答・解説

〈令和３年度　第10問〉

貸借対照表（2020年度末）

（単位：千円）

資産の部		負債および純資産の部	
Ⅰ　流動資産	40,000	Ⅰ　流動負債	50,000
現金・預金	2,000	Ⅱ　固定負債	34,000
受取手形・売掛金	16,000		
商品	9,000	Ⅲ　純資産	
その他	13,000	株主資本	66,000
Ⅱ　固定資産	110,000		
資産合計	150,000	負債・純資産合計	150,000

100

損益計算書（2020年度）

（単位：千円）

Ⅰ　売上高	220,000
Ⅱ　売上原価	160,000
売上総利益	60,000
Ⅲ　販売費・一般管理費	50,000
営業利益	10,000
Ⅳ　営業外収益	
受取利息	4,000
Ⅴ　営業外費用	
支払利息	1,000
その他	1,000
税引前当期純利益	12,000
法人税，住民税及び事業税	3,600
当期純利益	8,400

14

（設問1）固定長期適合率として，最も適切なものはどれか。

ア　60%　　イ　110%　　ウ　150%　　エ　167%

（設問2）インタレスト・カバレッジ・レシオとして，最も適切なものはどれか。

ア　4倍　　イ　11倍　　ウ　12倍　　エ　14倍

■解答へのステップとフロー

（設問1）

❶ 選択肢の確認

単純に数字が並んでいます。

❷ Bパターン

固定長期適合率の数字を求められています。

❸ 左側の固定資産の上，および右側の固定負債の上に線を引き，横に概算を計算して記入します。

また100の位まではすべてゼロですので，省略が可能であることがわかります。本問では固定資産はそのままですので，110（ゼロ3つは省略）に○を入れます。右側は合計150から流動負債の50を引いて100が暗算で計算できますので記入します。

暗算でイの110%が正解であることがわかります。

（設問2）

❶ 選択肢の確認

設問1同様に数字が並んでおり，Bパターンであることがわかります。

❷ インタレスト・カバレッジ・レシオの数値を求められています。

テクニック☞PLの必要部分に○を入れ比較して求めます。

テクニック☞不要な桁は省略

設問1同様，解答に必要な項目は100の位まではすべてゼロですので，省略が可能であることがわかります。

（法人税等の3,600はインタレスト・カバレッジ・レシオの計算には必要ありません）

❸ まず分母を求めます。インタレスト・カバレッジ・レシオの分子は「金融費用」ですが本問では支払利息のみが該当しますので，1に○を入れます。

次に，分子は「事業費用」ですが本問では「営業利益」と「受取利息」が該当しますので，10と4に丸を入れ合計を横に暗算で記入します（本問は，あまりにも簡単ですので頭の中だけでもOKです）。

1対14ですので，エの14倍が正解と判明します。

本問題も，テクニックを使えば2分で8点の得点が可能となります。分析系の問題には，本書のメソッドは非常に有効ですので，十分トレーニングを積んで使いこなせるようにしましょう。

問題用紙の使い方（全般）

ほとんどの受験生の方が本試験の問題用紙の使い方について，工夫が少ないように見受けられます。しかし，その使い方の工夫次第で，軽く20点近く点数が上がります。以下に使い方の例を示します。

■平成17年度「経営法務」の問題より

産業財産権に関する存続期間について次の記述で最も適切なものはどれか。

△ ア．2 事業協同組合が取得した団体商標の商標法の存続期間は，団体商標として登録された日から当該事業協同組合が解散するまでである。

× イ．実用新案権に基づく特許出願によって得られた特許権は，実用新案権の存続期間と同様の存続期間となる。

× ウ．特許権は，特許査定の確定によって発生し，特許出願の日から20年の存続期間を有している。

○ エ．秘密意匠は，設定の登録の日から3年以内の期間で指定した期間秘密にされるが，この指定した期間に意匠が秘密にされていたとしても，意匠権の存続期間に含まれるので，秘密意匠の存続期間は，設定の登録の日から15年で満了する。

① まず求められている解答が「適切」であれば○，「不適切」であれば×を大きく付ける
② 文中の不適切なキーワードにアンダーラインを引く
③ それぞれの肢に自信度に応じて ◎○△ △ × × の印を付ける
④ 正解の選択肢と大きい○を線で結ぶ
⑤ 全問が終わった時点で一度解答用紙にマークする
⑥ △や△があるところをもう一度見直す

まず①で，今やっている問題が適切か不適切かどちらを選ぶのかを明らかにしながら問題に取り組めます。簡単な問題ならよいですが，少し難しい問題になると問題を解いているうちにどちらかわからなくなることがありますが，この方法で防止できます。

何よりも正解と不正解を逆にするミスを大幅に減らすことが可能です。筆者自身も受験生時代，この方法をとる前は1科目につき1問くらいはこの凡ミスで点を失っていました。

ケアレスミスに注意してもケアレスミスはなくならない

これは非常に重要なポイントです。しばしば講師が「ケアレスミスは命取りになるから十分に注意しましょう」と言います。そして，受験生も「絶対にケアレスミスはしない」と心に誓います。しかし，**それでケアレスミスがなくなればこんなに楽なことはありません。**ケアレスミスを防止するためには，**何らかのシステムを用意する必要**がありますが，後の章で解説するフレキシブルボックス（FB）とともに，今回ご紹介した方法もその1つです。1次試験・2次試験にかかわらず，システム的にケアレスミス防止の徹底を図ることはKECビジネススクールの特徴の1つです。

日常の学習への応用

問題文の選択肢に自信に応じた◎△等の印を付けることは，本試験時はもちろん，日常の学習にも大きな威力を発揮します。受験生の多くの方がいわゆる「問題集を回す」ことをします。しかし，そのとき気をつけなければならないことは，律儀に全問を回さないということです。特にまじめな受験生ほど注意が必要です。自信を持って◎や×を付けて正解した問題は理解していると考え，比重を下げます（直前は無視します）。そして，△や自信を持って◎をしたのに×だった問題等を重点的につぶし，最終的にすべての選択肢の正誤と，誤りの場合にはどこが誤りかを口頭で説明できることを目指してください。

第3章

損益分岐点分析

■記憶ポイントと基礎知識

損益分岐点分析は，第2章の財務分析と並び，1次試験・2次試験を問わず頻出の重要項目です。また，実際のコンサルティングの現場でも必須の知識であるところも，財務分析と同じです。現実問題としても，われわれ診断士が助言を行う企業（特に小規模企業）のなかには損益分岐点や資金繰り（キャッシュフロー）に関する知識が甘いために，せっかくよい商品やサービスを持ちながら経営に失敗する例が多数存在します。

そもそも，営利企業はすべて利益を生むために存在しています。損益分岐点分析は，利益がゼロと計算される点，つまり「売上＝費用」となる金額を求めるために計算されます。損益分岐点と同じ額の売上をあげた場合，その企業は「損失は出していないけれども，利益も出していない状態」です。利払い等他の条件を無視するならば，少なくとも赤字は免れる売上であり，言い換えると戦略的に赤字覚悟でシェアを奪いにいくような特別の事情がなければ，基本的に損益分岐点を下回る売上は経営的には許されません。新規事業への進出時や既存事業における環境変化等があるとき等には，損益分岐点を意識することが大切となります。

以下の図は，固定費・変動費・売上高の関係を示しています。

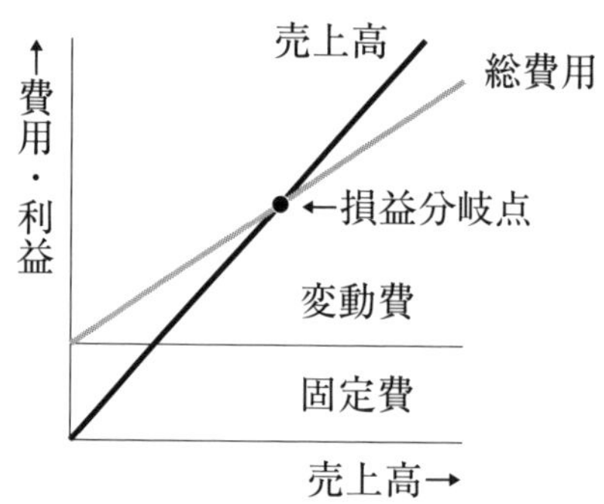

損益分岐点の下げ方

前掲図でもわかるとおり，他の条件を一定とすれば損益分岐点は低いほうが経営の安全性が高く利益も多くなるため望ましいといえます。具体的には，

① 変動費はそのままで値上げをする（売上高の直線の傾きを急にする）
② 値段はそのままで変動費を低下させる（総費用線の傾きを緩やかにする）
③ 固定費を削減する（総費用線を下にスライドさせる）

ことで損益分岐点比率を下げることができます。

損益分岐点の求め方

まず最初に，費用を固定費と変動費に分類する必要があります。

固定費とは，売上の数字にかかわらず，決まった額だけ生じるものです。工場や事務所の家賃，固定資産税，管理運営部門に係る人件費，借入金の支払利息等などが代表的な固定費です。

これに対して，変動費とは，売上の数字に応じてその金額が増減するものです。代表的な例としては，商品仕入，製品の原材料や加工費，製品製造のために稼働させる機械の水道光熱費などが代表的な変動費です。

具体的な数字は，次の式で求められます。

損益分岐点売上高＝固定費÷｛1－(変動費÷売上高)｝

上記の式の（変動費÷売上高）の部分は変動費率なので，上記の式の右部分は｛1－変動費率｝と変形できます。さらに，｛1－変動費率｝は限界利益率と同じですので，簡略化すると，

損益分岐点売上高＝固定費÷限界利益率　で表すことができます。

設例）ラーメン店の1日の固定費（家賃・人件費等）が20,000円。メニューはタンメン1種類のみで1杯の値段が1,000円，それにかかる変動費（材料費等）が600円であるときの1日の損益分岐点売上高はいくらか。

設例では，1杯につき限界利益が1,000円－600円＝400円であり，限界利益率400／1,000より，固定費の20,000円を0.4で除した50,000円が損益分岐点売上高になります。

言い換えると1日の売上高が50,000円（粗利益400円×50杯＝20,000円）に達しなければ赤字になるということです。

損益分岐点比率と安全余裕率

もう1つ，代表的な指標が損益分岐点比率です。以下のような計算式で求められます。

損益分岐点比率＝損益分岐点売上高／実際の売上高×100

上記の設例で売上が80,000円だとすると，

50,000÷80,000×100＝62.5％となり，現在より売上が低下しても37.5％未満ならば利益が出ることがわかります。

安全余裕率は，（1－損益分岐点比率）で求めます。損益分岐点比率とは裏表の関係になります。どちらにせよ，損益分岐点比率と安全余裕率を求めるためには，基本的に損益分岐点売上高がわかることが前提となります。

■1次試験問題の特徴

例年ほぼ100％出題があり，配点は4～8点であることが多くなっています。出題の形式もほぼ一定で，（A）感度分析―変動費率を変えると利益はどのように変わるか等と，（B）①損益分岐点売上高や損益分岐点比率・安全余裕率を求める問題，②ある条件（営業利益等）を変化させた場合に必要な売上高等を求める問題があります。

（A）についての問題は簡単なことが多く，時間的にも30秒程度で解けるボーナス問題が多くなっています。（B）①についてもそれほど難解な問題はなく，確実に得点したいところです。

（B）②については，問題の難易度は「財務・会計」の計算問題のなかではやや難しい部類に入ります。時間的にも1分以下での解答は難しい問題が多いですが，ほぼすべての問題はフレキシブル・ボックス（以下，FB）により確実に解けますので，FBの使い方をマスターし演習を積めば攻略は難しくありません。時間も3～4分くらい使っても確実に点を取りにいきましょう。

■KECメソッド　フレキシブル・ボックス（FB）とは

FBは会計学の泰斗（たいと）である故番場嘉一郎先生が工業簿記（原価計算）の計算のために開発された「ワークシート」をヒントに考え出したものです。番場先生が「ワークシート」を開発された重要な理由は，数式を用いると計算間違いが多くなるためそれを避けること，および検証の行いやすさであったと思います。財務・会計が苦手な受験生にとっても同様です。財務・会計を苦手とする受験生の不正解のパターンはおおむね次の2つが原因です。

① そもそも間違った計算式を立てる，またはそもそも計算式を立てることができない。

② 計算式は立てたがその後の計算でミスを犯す。

財務・会計が不得意な受験生にとっては上記①が関門で，筆者自身も学習の初期にはよくパニックになり，頭が真っ白になってしまうことが多々ありました。それを克服するために，

1）FBというワークシートを先に作る（書く）。

2）その中のあらかじめ決められた場所に問題文で与えられたデータを記入する。

3）決められた手順に従い計算し正解を導き出す。

このFB方式を編み出しました。今ではKECビジネススクールの受講生からのご意見や講師の先生方の工夫により，当初より進化したものになっています。

利点としては，主に以上の3点が挙げられます。

① 問題に応じて数式を自分で立てる必要がないこと。

② 情報の有無が視覚的に理解でき，その後の処理もパターン化していること。

③ いつも情報がある場所に情報がないと心理的に違和感を覚えるため，ミスに気づきやすいこと。

フレキシブル・ボックス（FB）の名前の由来ですが，問題によりボックス内部で使う場所，使わない場所があることから，柔軟性や順応性を意味するflexible（フレキシブル）とbox（本来は長方形の立体的な箱ですが「ボックスコラム（囲み記事）」等に派生した意味）を合成しています。

以下に，本章で使用するCVPのFBについて解説します。

■CVPのFB

CVP分野での利点を挙げると，以下の3点が挙げられます。

① 問題に与えられたデータを表に書き込むことにより，どのデータが与えられており，何のデータが不足しているかがわかります。すなわち「データの見える化」が可能になります。

② 損益分岐点売上高等の計算によく出現する，分数のなかに分数が入る間違いやすい式が不要です。

③ 問題ごとに自分で式を立てることをしないので，問題が複雑になるほど威力を発揮します。財務・会計に苦手意識がある受験生に極めて有用であり，時間も節約できます。

CVP（Cost：費用，Volume：売上高，Profit：利益）の問題が出題された場合，まずこのボックス図を問題用紙の余白に書き込みます。

一番左の欄には売上から利益の算出に至るまでの基本的な流れを記入します。

CVPのFB図

	損益分岐点売上高 ①	安全余裕率	
売　　上			
−変 動 費			
＝限界利益	②		
−固 定 費			
＝営業利益			
営業外収支			
経 常 利 益			
	デフォルトデータ欄		計算欄

※慣れてくれば略号でOKです。
売上⇒S，変動費⇒VC，限界利益⇒MP，固定費⇒FC，営業利益⇒OP等

中ほどのボックス（最上段を除く）は，a.与えられたデータを記入し，さらに，b.そこから判明する数値（例　変動費率0.4がわかれば自動的に限界利益率0.6がわかる等）を記入するボックスです。右は具体的な計算に使います。

①は，損益分岐点売上高（BEP）の記入欄，②の丸は限界利益率の記入欄となります。

■解答へのステップとフロー

どのような問題が来ても，解答パターンは以下の手順となります。

まず，（A）データの整理（ⓐ，ⓑ）を行います。

ⓐ　問題文で与えられたデータ（以下，デフォルトデータと呼ぶ）を左のボックスに記入します。

ⓑ　そのデータから自動的に計算できる数値を追記します。

※ほとんどの問題は与えられたデータを展開することにより，営業利益までのボックスを完成することができます。

CVPの計算問題には，大きく以下の2つのパターンに分けることができます。

①　損益分岐点売上高（BEP）・損益分岐点比率・安全余裕率を計算させる問題
　この場合は，BEPを求めればわかる比較的簡単な問題が多くなっています。
　例）以下の条件下における安全余裕率を求めなさい。

②　ある条件を変化させた場合に必要な数値を計算させる問題
　必要売上高を求めさせる問題が多いですが，それ以外の出題もあります。対応が難しい

問題もありますが，FBが威力を発揮します。

例）変動費率が10%増加した場合に，営業利益1,500万円を確保するための売上高を求めよ。

データ整理が終わったら，次に（B）計算（ⓒ，ⓓ，ⓔ）**を行います。**

基本的にどのような問題でも，以下の解法手続き（解法フロー）は同じです。

ⓒ　変化する条件を右欄に記入します。

ⓓ　求められる未知数を記号に置き換え記入します。

（BEPや安全余裕率等の場合は，未知数を置かず計算欄で直接計算します）

ⓔ　式を立て未知数を計算します。

新しい利益条件に必要な売上額を求める場合は，必要売上高をSと置き，Sから求められる限界利益を上から計算し，一方で新しい利益条件に必要な限界利益をボックスの下から逆算し，イコールで結びます。

※求める数を下から逆算するときは，符号を逆にして計算します。

詳しくは次の過去問題演習で解説します。

過去問題演習①

〈平成17年度　第5問 改題〉 解答・解説はp.80, 82

前事業年度の営業利益等の実績に関する次の資料に基づいて，以下の設問に答えよ。

	（単位：万円）
売 上 高	70,000
変 動 費	49,000
固 定 費	12,000
営業利益	9,000

（設問1）

上記の資料より前事業年度の安全余裕率を求めなさい。

ア　24.5％　　イ　42.9％　　ウ　57.1％　　エ　75.5％

（設問2）

当事業年度に営業利益 20,000万円を得るために必要な売上高として，最も適切なものはどれか。ただし，当事業年度の固定費は前事業年度と変わらないが，変動費率は 60％と予測される。

ア　80,000万円　　イ　90,000万円
ウ　106,700万円　　エ　120,000万円

過去問題演習②

〈平成20年度　第12問〉 解答・解説はp.84

当期の損益計算書（要旨）は次のとおりである。変動費，固定費の構造は一定とすると，経常利益の目標 10,500千円を達成する売上高として，最も適切なものを下記の解答群から選べ（単位：千円）。

損益計算書（要旨）

（単位：千円）

売上高	100,000
売上原価	60,500
販売費及び一般管理費	26,000
営業利益	13,500
営業外収益	3,200
営業外費用	6,900
経常利益	9,800

（以下省略）

（注）1. 営業費用のうち固定費は21,500千円である。
2. 売上高が変化しても営業外収益，営業外費用は一定である。

［解答群］

ア　102,000　　イ　105,000　　ウ　110,000　　エ　113,000

テクニック☞選択肢の利用

まず，①下４桁目の数字がすべて異なることから桁数の考慮不要，かつ，②千の位の2･5･0･3までがわかれば答えが求められます。

過去問題演習③

〈令和2年度　第21問〉

解答・解説はp.86

G社の前期と当期の損益計算書は以下のように要約される。下記の設問に答えよ。

損益計算書

（単位：万円）

	前期		当期	
売上高		2,500		2,400
変動費	1,250		960	
固定費	1,000	2,250	1,200	2,160
営業利益		250		240

（設問1）

当期の損益分岐点売上高として，最も適切なものはどれか。

ア　1,600万円

イ　1,800万円

ウ　2,000万円

エ　3,000万円

過去問題演習④

〈平成23年度　第11問〉

解答・解説はp.88

公表されているY社の経営指標は，損益分岐点比率が75%，売上高営業利益率が10%，営業利益が1,600万円である。変動費率として最も適切なものはどれか。

ア　25%

イ　40%

ウ　60%

エ　90%

過去問題演習①　解答・解説（設問1）

〈平成17年度　第5問 改題〉

前事業年度の営業利益等の実績に関する次の資料に基づいて，以下の設問に答えよ。

	（単位：万円）
売 上 高	70,000
変 動 費	49,000
固 定 費	12,000
営業利益	9,000

（設問1）

上記の資料より前事業年度の安全余裕率を求めなさい。

ア　24.5%　（イ）42.9%　ウ　57.1%　エ　75.5%

■FB

	40	30	
売　　上	70		
－変 動 費	49		
＝限界利益	21　$\frac{3}{10}$ ÷		$\frac{4}{12} \times \frac{10}{3} = 1$
－固 定 費	12		
＝営業利益	9		

テクニック☞データの数字はすべて下３桁がゼロであるので省略し，下４桁以上のみを記入することで時間を節約します。

■解答へのステップとフロー（設問1）

(A) データ整理

❶ 左欄にデータを入れます（下線)。

❷ 自動的に限界利益がわかるので計算して記入します。

70 − 49 = 21

❸ 次に，限界利益率がわかるので記入します（分数のままでよい)。

21／70を約分して3／10を記入します。

(B) 計算

❹ 固定費と限界利益率がわかったのでBEP（損益分岐点売上高）を求めます。

$(12 \div \frac{3}{10}) = 40$（割り算を掛け算にして計算） BEP欄に40を記入します。

❺ BEP欄の右は70 − 40 = 30より30を記入します。

安全余裕率は$\frac{30}{70} = \frac{3}{7}$となります。

ここで選択肢は小数点なので，$\frac{3}{7}$との近似値を比較します。

❻ まず，$\frac{3}{7}$は0.5（50％）以下なので，解答欄のウ「57.1」，エ「75.5」は0.5（50％）を超えるため正解ではありません。

❼ さらに，アの「24.5」は$\frac{1}{4}$（0.25）以下ですが，$\frac{3}{7}$は明らかに$\frac{1}{4}$以上なので，正解ではありません。

よって，正解はイとなります。

テクニック☞このような%を求める問題の場合は，財務分析と同様に分数のままで近似値を探すことで解けることが多くなっています。

過去問題演習①　解答・解説（設問2）

〈平成17年度　第5問 改題〉

前事業年度の営業利益等の実績に関する次の資料に基づいて，以下の設問に答えよ。

	（単位：万円）
売 上 高	70,000
変 動 費	49,000
固 定 費	12,000
営業利益	9,000

（設問2）

当事業年度に営業利益 20,000万円を得るために必要な売上高として，最も適切なものはどれか。ただし，当事業年度の固定費は前事業年度と変わらないが，変動費率は 60％と予測される。

ア　80,000万円　　イ　90,000万円
ウ　106,700万円　　エ　120,000万円

■FB

売　　上	70	➡	S
−変 動 費			
＝限界利益		$\frac{4}{10}$	$\frac{4}{10}$S
−固 定 費	12		12
＝営業利益	9	➡	20
営業外収支			
経 常 利 益			

テクニック☞設問1のボックスに色を変えて追記することで手間を省きます。

■解答へのステップとフロー（設問2）

この問題は条件変化による未知数を求める問題なので，計算欄を主に使用することになります。

（A）データ整理

❶ 条件より変動費率が60%に変化すると，限界利益率が$\frac{4}{10}$（40%）になるので計算欄に記入します。

❷ 営業利益が9,000から20,000になるので計算欄に記入します。

❸ 固定費は不変なので，そのまま計算欄に記入します。

（B）計算

❹ 必要売上高が未知数なので，Sとして計算欄に記入します。

❺ 式を立てて計算します。

$$\frac{4}{10}S - 12 = 20$$

$$\frac{4}{10}S = 32$$

$$S = 32 \times \frac{10}{4}$$

$$S = 80$$

よって，正解はアとなります。

過去問題演習②　解答・解説

〈平成20年度　第12問〉

当期の損益計算書（要旨）は次のとおりである。変動費，固定費の構造は一定とすると，経常利益の目標 10,500千円を達成する売上高として，最も適切なものを下記の解答群から選べ（単位：千円）。

損益計算書（要旨）

（単位：千円）

売上高	100,000
売上原価	60,500
販売費及び一般管理費	26,000
営業利益	13,500
営業外収益	3,200
営業外費用	6,900
経常利益	9,800

（以下省略）

（注）1. 営業費用のうち固定費は21,500千円である。
2. 売上高が変化しても営業外収益，営業外費用は一定である。

［解答群］

(ア) 102,000　イ　105,000　ウ　110,000　エ　113,000

■FB

売上	100,000	→	S
－変動費	65,000		
＝限界利益	35,000	$\frac{35}{100}$	$\frac{35}{100}$S＝35,700
－固定費	21,500		＋　↑
＝営業利益	13,500		14,200
営業外収支	－3,700		＋　↑
経常利益	9,800	→	10,500

■解答へのステップとフロー

（A）データ整理

❶ 問題文の（注）より固定費21,500なので，そのまま記入します。

❷ 変動費は売上原価60,500に，販管費から固定費をマイナスした額をプラスします。

$60{,}500 + (26{,}000 - 21{,}500) = 65{,}000$

❸ 営業利益・経常利益をそのまま記入し，営業外収支を暗算で計算記入します。

（B）計算

❹ 条件変化により求められる経常利益10,500を計算欄に記入します。

❺ 必要売上高が未知数なのでSとし計算欄に記入します。

❻ 上から限界利益を計算すると，売上S×限界利益率$\frac{35}{100}$より$\frac{35}{100}$S

❼ 下から遡って必要限界利益を求めると，

$10{,}500 + 3{,}700 + 21{,}500 = 35{,}700$

❽ 上から求めた必要限界利益と下から求めた必要限界利益をイコールし，売上Sを求めます。

$\frac{35}{100}S = 35{,}700 \Rightarrow \frac{100}{35}$を両辺に掛けると，

$S = \frac{3{,}570{,}000}{35}$より，下の端数は$\frac{70}{35}$の部分を計算すればよいです。

$\frac{70}{35}$は暗算で2と計算できるので，正解はアとなります。

テクニック☞現場では，$S = \frac{3{,}570{,}000}{35}$が判明した時点で暗算により答えが判明します。

過去問題演習③　解答・解説

〈令和２年度　第21問〉

G社の前期と当期の損益計算書は以下のように要約される。下記の設問に答えよ。

損益計算書

（単位：万円）

	前期		当期	
売上高		2,500		2,400
変動費	1,250		960	
固定費	1,000	2,250	1,200	2,160
営業利益		250		240

（設問1）

当期の損益分岐点売上高として，最も適切なものはどれか。

ア　1,600万円　　イ　1,800万円　　ウ　2,000万円　　エ　3,000万円

■FB

	2,000		
売上	2,400		
変動費	960		
限界利益	1,440	144/240	72/120 ➡ 6/10
固定費	1,200	÷	
営業利益	9		

テクニック☞データの数字はすべて下１桁がゼロであるので省略し，下２桁以上のみを記入することで時間を節約する。

■解答へのステップとフロー

（A）データ整理

❶左欄にデータを入れる（下線）

❷売上から変動費をマイナスして限界利益がわかるので計算して記入。
2,400 − 960 = 1,440

❸次に限界利益率がわかるので記入する（分数のままでよい）。
240分の144は半分にすると120分の72，さらに12で割ると10分の6になります。

テクニック☞大きな数はまず半分にすることで，その先の計算が容易になります。

（B）計算

❹固定費1,200と限界利益率10分の6がわかったのでBEPを求めます。
1,200に10分の6の逆数数である「6分の10」を掛けますが，この時点で暗算でBEPは2,000であることがわかります。

❺BEP欄に記入してもよいですが，この時点で選択肢を確認します。

❻選択肢ウが正解と判明します。

テクニック☞このような問題の場合は，最後まで計算をしないでも，固定費が1,200と最初から問題文に与えられており，限界利益率が10分の6であると判明した時点で選択肢を見れば正解が判明します。

過去問題演習④　解答・解説

〈平成23年度　第11問〉

公表されているY社の経営指標は，損益分岐点比率が75%，売上高営業利益率が10%，営業利益が1,600万円である。変動費率として最も適切なものはどれか。

ア　25%　　イ　40%　　**ウ**　60%　　エ　90%

■FB

	—75%— 12,000	
売　　上	16,000	12,000
－変 動 費	16,000VC	12,000VC
＝限界利益		
－固 定 費	FC	FC
＝営業利益	1,600　(0.1)	0
営業外収支		
経 常 利 益		

■解答へのステップとフロー

（A）データ整理

❶ 問題文より，損益分岐点比率・売上高営業利益率・営業利益を記入します。

❷ 売上高営業利益率と営業利益より実際の売上高が判明するので記入します。

$1{,}600 \div 0.1 = 16{,}000$

❸ 実際売上高と損益分岐点比率より損益分岐点売上高が判明するので記入します。

$16{,}000 \times 0.75 = 12{,}000$

（B）計算

求められている数値は変動費率なのでVCと置きます。

❹ 損益分岐点売上高のときに営業利益はゼロであるので，実際売上高と営業利益および損益分岐点売上高とその営業利益（ゼロ）が判明するので，固定費をFC，変動費率をVCとした2本の方程式が立ちます。

❺ $16{,}000 - 16{,}000VC - FC = 1{,}600$

$12{,}000 - 12{,}000VC - FC = 0$

FCが消えるので，

$4{,}000 - 4{,}000VC = 1{,}600$

$2{,}400 = 4{,}000VC$ より，

$$\frac{24}{40} = VC$$

よって，正解はウとなります。

テクニック☞下2桁はすべてゼロなので省略し計算を簡略化します。

テクニック☞「2,400＝4,000VC」が判明した時点で選択肢を確認すれば答えがウであるとわかります。（40に6を掛けると240）

全く手に負えない問題で正解の確率を上げる

日常，真摯に学習を積み重ねたとしても，1次試験本番では必ず見たことも聞いたこともない問題に多数遭遇します。そのとき，むやみに勘で解答を選ぶよりも，以下の諸点に注意して選択することにより，正解の確率を上げることができます。

① 「常に」「一切」「必ず」等の断定表現がある場合は不適切が多い
② 選択肢が明らかに短い場合は正解肢になりにくい
③ 類似した選択肢はどちらかが正解の場合が多い
④ 選択肢内に理由が書いてある場合は不適切が多い
⑤ 2肢で迷ったときは後ろを選ぶか前を選ぶか，あらかじめ決めておく
⑥ 全くわからないときに選ぶ記号を統一しておく。例えばウかエ

上記の①は知っている受験生も多いと思いますが，②～④については知らない方も多いと思います。

また，⑤と⑥については，へたに悩むより最初から決めているほうを淡々と選ぶほうが時間の節約になるのはもちろん，正解の確率が良くなるように思います。

以下に，本試験問題の例を挙げておきます。

〈平成23年度　第4問〉

退職給付に係る負債の計上額として最も適切なものはどれか。ただし，年金資産は企業年金制度に係る退職給付債務を超えないものとする。

ア　退職給付債務から年金資産の額を控除した額
イ　退職給付債務に未認識過去勤務債務および未認識数理計算上の差異を加減した額
ウ　退職給付債務に未認識過去勤務債務および未認識数理計算上の差異を加減した額から年金資産の額を控除した額
エ　退職給付債務に未認識数理計算上の差異を加減した額から年金資産の額を控除した額

上記の問題はそもそも教科書に書いていない内容なので，正攻法での正解は困難です。上記のセオリーで考えると，まず，選択肢アは明らかに短いため消去。次に，イとウが類似しているので，どちらかが正解ではないかと絞り込みます。ここで，2肢に絞ったときには後ろを選ぶと決めていた場合は，首尾よく正解となります。

KEC 合格への7つの公式

KECでは，合格者に共通するコンピテンシー（思考・行動様式）を科学的な見地に基づき分析し，7つに分類し公式化しています。難関資格や検定等に合格する人は，学習するうえで意識するしないは別として（あるいは本能的に），以下の7つの要件について合理的な行動または対応策を採っていると考えます。あなたはどうでしょうか？ 1つ1つの項目について丁寧に検討してみてください。

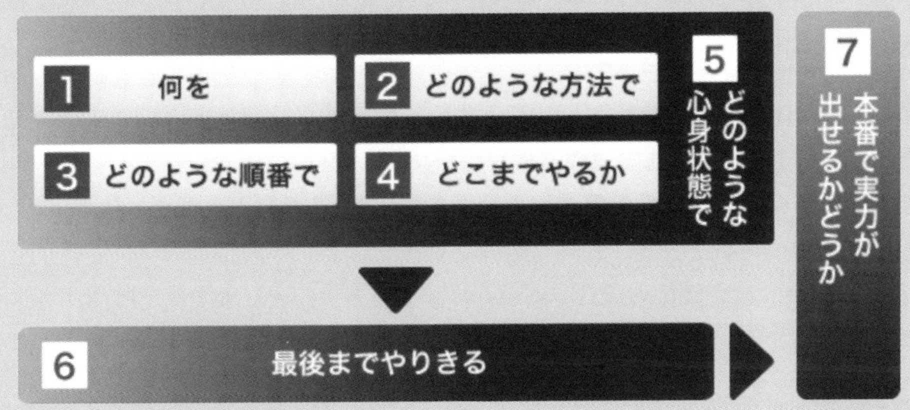

以下に，中小企業診断士1次試験受験生が陥りがちな行動の例を挙げておきます。

2の例として，多くの受験生が陥る間違いに「漫然と教科書（参考書）を読む」学習法があります。もちろん，初期の理解のための学習法としては間違っていません。しかし，一定時間の学習を行った後にも，このやり方をする受験生が多く見られます。この方法のよくないところは，本当にその部分を理解・記憶しているかどうかの認識が曖昧であることです。初期の基本学習を終えたあとは，自分自身の理解・記憶を認識できるような学習に移っていく必要があります。

3の例として，目の前の科目の学習に集中するあまり，すでに学習した科目の復習を後回しにしがちになることがあります。しかし，復習を長時間怠ることは，結果的に極めて非効率な結果を生みかねません，コラム⑥の10日ルールに従ったスケジューリングを行ってください。合格のためには死活的に重要なところです。

5・7についても，残念ながら注意を払っている受験生は少ないのが現状です。しかし，同じ1時間の学習でも，学習に適した心身のコンディションの下で行うかどうかは習得の可否や量に大きな影響を及ぼします。コンディションの具体的な作り方については後述のコラムで扱っています。

第4章 キャッシュフロー

■記憶ポイントと基礎知識

• 財務３表の関係

貸借対照表（BS），損益計算書（PL）とキャッシュフロー計算書（以下，CS）を合わせて財務3表と呼びます。基本中の基本なのですが，意外と見落とされがちであるのが3表の相互関係です。いかにも対等の関係のようですが，BSが主人公で，他の2表は脇役です。

なぜならば，BSは企業体の成立時点から終了まで必ず存在しますが，PLは一会計期間が経過して初めて作成でき，1年ごとに更新されます。また，CSについても設立時に作成できないこともありませんが，作成しても意味がありません。

図表１にあるように，PLはBSの中の純資産（資本）のさらに中の当期純利益項目の年間明細書であり，CSはBSの資産の中の現預金項目の年間明細書ということができます。BSでは当期純利益（損失）の結果のみが表示されます。しかし，同じ利益でも本業で出した利益か，本業と無関係な土地等の売却益かでは企業の評価は変わります。同じく，現預金の増加（減少）についても，それが本業で稼いだものか，増資や借入金によるものかでは持つ意味が違ってきます。

（図表１）

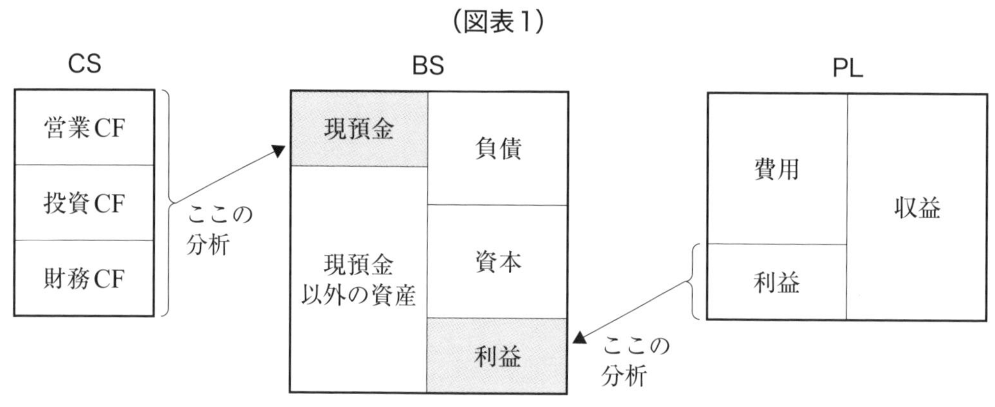

●キャッシュフロー計算書とは

キャッシュフロー計算書（CS）とは，その名称のとおりキャッシュ（＝お金）のフロー（流れ）を表すための財務表です。

期首から期末にかけて現預金はどのような理由で増減したのかを3種類の原因に分類して示します。CSを検討することにより，経営の状況や安全性等を分析することが可能です。

「実際の現預金の流れで会社の実態を表す財務表」ともいえます。CSは，営業活動によるキャッシュフロー（営業CF），投資活動によるキャッシュフロー（投資CF），財務活動によるキャッシュフロー（財務CF）の3つに分けられます。

視点を変えると，**営業CFは主にPLに関係するキャッシュの話**（PLのみではないことに注意），**投資CFはBSの左側（資産）の話，財務CFはBSの右側（負債・純資産）の話**であることも押さえておきましょう。

CSの作成方法には「直接法」と「間接法」がありますが，過去の出題傾向から，本書では「間接法」に絞って解説します。

●「間接法」で理解すべきポイント

※税引前当期純損失の場合も当然ありますが，以後の記述は当期純利益を出していることを前提として説明します。

もし，取引がすべて「即時現金決済」のみで「償却資産を持たず」「評価損益や引当金等もない」場合には，税引前当期純利益と現預金増加額は一致します。しかし現実の企業活動においては，現預金増減額と税引前当期純利益のズレを引き起こす現象が現れます。そこで，

「税引前当期純利益からそのズレの原因を修正し現預金増減額を導く」

のが間接法です。間接法と直接法は投資CFと財務CFについては同一であり，営業CFについてのみ計算過程が異なります。

図表2で，間接法のCSの構造を簡単に解説します。「なぜそのような処理が必要であるか」を理解することがCSの本質的な理解につながります。

下の部分の投資CFと財務CFの区分は，特に問題はありません。すなわち投資CFでは，土地建物等を購入（投資）すればキャッシュは減少し，逆に売り払えばキャッシュは増えますから，ある意味当たり前であり，直感的に理解できます。財務CFについても，増資や融資による負債の増加はキャッシュの増加につながり，配当や負債の返済はキャッシュの減少につながることが直感的に理解できることも同様です。それに対して，営業CFについては，直感的なイメージに反することが理解を妨げる要因になっています。

（図表２）

税引前当期純利益	400
非資金項目調整 減価償却費	 200
P／L項目調整 有価証券売却損	 20
B／S項目調整 売上債権（増加） 棚卸資産（減少） 仕入債務（増加）	 －300 100 200
（小計）	620
その他 法人税等の支払額	 －200
営業活動によるCF合計	420
有形固定資産の取得	－200
有価証券の売却	180
投資活動によるCF合計	－20
短期借入による収入	100
長期借入金の返済による支出	－200
財務活動によるCF合計	－100
現金及び現金同等物の増減額	300

●「間接法」営業キャッシュフローの区分

営業CFの区分では，純粋な営業CFについて，小計より上で表すことにより純粋な営業CFを把握し，小計以下では投資・財務CFではないが純粋に営業CFとも言いにくいものの調整をしています。また，営業CF項目内の調整についてもよって立つ理由が違いますので，しっかり分類整理をしたうえで，なぜそのような処理になるかを理解し計算できるようにしておきましょう。

大きく①BSに関する項目の調整と，②PLに関する調整の2つに分かれ，それぞれ理由が異なります。

① BSに関する項目の調整

現在の商取引は信用取引が一般的です。信用取引とは掛払いでの取引をいいます。例えば取引を行った際に代金を現金で支払うのではなく，月末に請求書を送付し翌月の末に代金の支払いを行います。この場合，売上（仕入）の計上日と実際の現金の入金（支払い）にズレが生じます。**仕入債務（主に買掛金及び支払手形）が増加するということは，**現金で支払った場合に比べて現金の流出が少なくなるので，これらの項目の増加は**キャッシュの増加と考えます。**

これに対して，**売上債権（主に売掛金及び受取手形）の増加は，**本来現金で回収していれば増加していたはずのキャッシュが手元にない分，これらの項目の増加は**キャッシュの**

減少と考えます。財務CFにおいて，現金を貸付けた場合も債権の増加であり，そのときに手元の現金が減少することと同じです。これらは，直接PLとは関係ありませんが売上に密接にかかわる項目ですので，営業CFで調整をします。**図表3，4で確認しましょう。**

・「仕入債務（負債）」が100増えた場合

他の条件が変わらなければ「現預金」がプラス100になります。

（図表3）

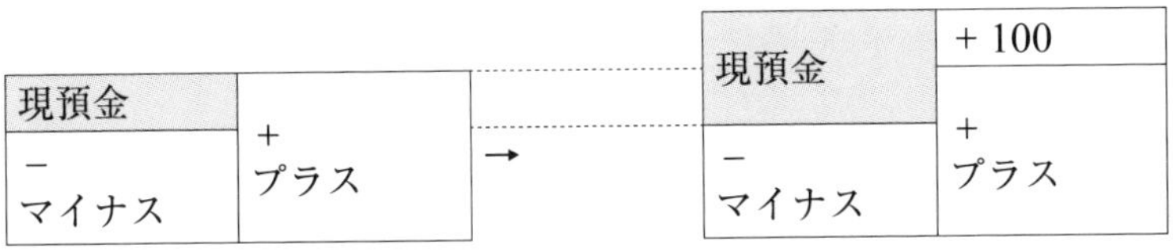

現預金	
− マイナス	+ プラス

→

現預金	+ 100
− マイナス	+ プラス

・逆に「売上債権」か「棚卸資産」（ともにその他の資産）が100増えた場合

他の条件が変わらなければ「現預金」は100マイナスになります。

（図表4）

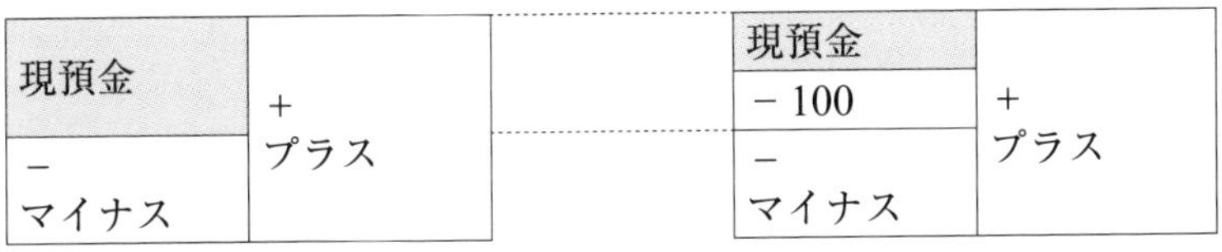

現預金	
− マイナス	+ プラス

現預金	
− 100	+ プラス
− マイナス	

「経過勘定」についても考え方は同じで「負債」か「資産」で「プラス」「マイナス」される。

② PLに関する項目の調整

ここではPLには費用として記載され，税引前当期純利益の増減に影響を与えるのに実態としては現預金の出入りがないものについての調整を行います。まず，費用として計上されているのに現預金の支出がないものを検討します。代表格は「減価償却費」です。以下に簡単な設例と仕訳を考えましょう。

・通常の費用の場合

交通費100／現金100　のように現金の支出があります。

例えば，はじめの仕訳が交通費100（費用の増加）／未払金（負債の増加）100のように右側が未払金のような負債であっても，最終的には未払金100（負債の減少）／現金100（資産の減少）のように現金の支出で終わります。

・減価償却費の場合

ところが，減価償却費の仕訳は減価償却費100／建物100で終わり，最終的にも現金の支出はありません。

つまり，費用として計上されているのに，現金の支出がないのがわかります。現金の支出がないのに，税引前当期純利益はその減価償却費の費用分マイナスの影響を受けていますので，そのズレを解消するためプラスします。ちなみに，機械・建物等の支出についてはCS上どう処理されているかというと，購入時（ここでは分割払いやローン・リース等の可能性は無視し現金一括払いを想定）に「投資CF」で処理されます。

さらに，有価証券等の「評価損」や各種「引当金」も利益にマイナスの影響を与えているのに現金の支出がないため，同じ処理（キャッシュのプラス）を行います。逆に，利益に計上されているのに現金の収入がないものには，各種の「評価益」があります。

仕訳例　有価証券100／有価証券評価益100

上の場合，評価益については税引前当期純利益に反映されますが，現金は増加しません。処理については，評価損の逆で利益が増えているが現金が増えていないことから，税引前当期純利益よりマイナスすることでキャッシュの増減額と一致させます。

• フリー・キャッシュフロー

関連する出題に，フリー・キャッシュフロー（FCF）があります。FCFとは，経営者が自由（フリー）に使えるキャッシュのことです。言葉を換えると，FCFとは「企業が借入や増資等での資金調達・返済等の財務活動を行わなかった場合における，**純粋な事業活動の部分のみで生じた現金の創出能力**を測る指標」です。

企業体の最大の利害関係者である株主への配当をするほか，内部留保の強化，借入金の返済等，その使途は経営者の判断により決定されます。当然このFCFは多いほうがよく，投資家や金融機関等が企業の現金創出能力や借入金の返済能力を測る重要な指標になります。

FCFにはいくつかの定義・計算方法があります。これは，FCFについては会計基準により公表が義務づけられているものではないため，そもそも公式に統一された計算方法がないためです。

最もシンプルな定義は，**「営業CF＋投資CF」**です。「営業CF」は，企業の活動が正常ならばプラスが見込まれ，それは単純に企業の儲けともいえます。「投資CF」は，企業の成長と存続に欠かせない投資に関するCFであり，企業の活動が正常ならば投資拡大により現金収支はマイナスが見込まれます。上記の式は，実際には「営業CF－投資CF」となることが多くなります。

経営者にとって投資は将来の現金創出（≒利益獲得）のための支出であり，企業の必要経費とも考えられますので，儲けから必要経費を引いて残ったキャッシュは自由に使える（フリー）というわけです。上の式を少し詳しく展開したものに次の式があり，受験上はこの式についての理解と記憶が必要です。

FCF＝A（税引後営業利益＋減価償却費）－B（運転資金増加額）－C（設備投資額）

• FCFはCSのダイジェスト版

上の式は，**CSの簡略版（ダイジェスト）**の関係にあるともいえます。CSは財務3表の1つであり，公式の書類です。そのため，その内容については利害関係者に対する報告の正確性が求められると同時に，詳細なものになります。そのため，ざっくりと「企業の力」を測るのには向いていないところがあり，別にFCFを計算することになります。以下で，CS（間接法）との相互関係を考えながら説明しましょう。

Aの「税引後営業利益＋減価償却費」については，CSの**営業CFのPL調整とほぼ同じ**と考えてよいです。まず，税引後当期純利益でも税引後経常利益でもなく，税引後営業利益であることに注目してください。営業外収益（費用）や特別利益（損失）を算入すると，上で述べた**「純粋な事業活動の部分のみで生じた現金」**ではなくなるため無視します。また，CSの減価償却費以外の，その他の非資金支出・収入（有価証券評価損等）が無視されているのは，原因が本業とは無関係なうえに絶対額が通常は少なく無視しても問題が少ないためであると，とりあえずここでは理解しておいてください。PLの特別損失（利益）が企業の業績を考えるうえであまり重要視されないことと同様です。

Bの「運転資金増加額」は，**営業CFのBS調整と同じ**です，仕入債務（負債）の増加は運転資金の増加要因，棚卸資産と売上債権（ともに非現金資産）の増加は，運転資金の減少要因となります。当然ですが，必要運転資金が減少した場合にはマイナスのマイナスはプラスになりますから，FCFの増加要因となります。結果としてCSのBS調整の符号と一致します。

Cの「設備投資額」は，**投資CFとほぼ同じ**です。過去問題の問題文では設備投資額として与えられています。

■1次試験問題の特徴

CSの数値を求めるものと，FCFの数値を求める問題が多くなっています。以前は難問もありましたが，近年は基本的な知識があれば解答できる問題が多くなっています。基本問題は確実に得点したい分野です。テクニック的には特別にこの分野で使用するものはありませんが，後述の基本原則の書き込みを行い冷静・確実に解くことが肝要です。

• 2次試験への橋渡し

2次試験では，経営分析・CVP・投資判断に次ぐ出題数です。平均すると3回に1回ぐらいの出題頻度ですが，ここ10年に限ると頻度は少なくなっています。ただし，出題があったときは基本的な内容が多く，失点すると不合格に直結するという怖さがあります。また，コンサルティング実務に就いたときもCSについての知識は不可欠ですので，合格後も見据えしっかり学習しておきましょう。

過去問題演習①

〈令和2年度　第23問〉

解答・解説はp.102

当期首に1,500万円をある設備（耐用年数3年，残存価額ゼロ，定額法）に投資すると，今後3年間にわたって，各期末に900万円の税引前キャッシュフローが得られる投資案がある。税率を30%とすると，この投資によって各期末の税引後キャッシュフローはいくらになるか。最も適切なものを選べ。

ア　180万円

イ　280万円

ウ　630万円

エ　780万円

過去問題演習②

〈平成26年度　第13問〉

解答・解説はp.103

以下のデータに基づいて，A社のフリー・キャッシュフローを計算した場合，最も適切なものを下記の解答群から選べ。

【A社のデータ】

営業利益	200百万円
減価償却費	20百万円
売上債権の増加額	10百万円
棚卸資産の増加額	15百万円
仕入債務の減少額	5百万円
当期の設備投資額	40百万円
法人税率	40%

〔解答群〕

ア　70百万円

イ　80百万円

ウ　120百万円

エ　130百万円

過去問題演習③

〈平成28年度　第9問〉

解答・解説はp.104

次の貸借対照表と損益計算書について，下記の設問に答えよ。

貸借対照表

（単位：千円）

資産の部			負債・純資産の部		
	20X1年	20X2年		20X1年	20X2年
現金預金	30,000	20,000	買掛金	30,000	50,000
売掛金	20,000	55,000	未払費用	9,000	17,000
貸倒引当金	△1,000	△3,000	長期借入金	—	100,000
商品	40,000	50,000	資本金	100,000	100,000
建物・備品	100,000	225,000	利益剰余金	20,000	40,000
減価償却累計額	△30,000	△40,000			
	159,000	307,000		159,000	307,000

損益計算書

20X2年　（単位：千円）

売上原価	60,000	売上	125,000
給与	28,000		
減価償却費	10,000		
貸倒引当金繰入	2,000		
支払利息	5,000		
当期純利益	**20,000**		
	125,000		125,000

（設問1）

キャッシュ・フロー計算書上の表示として最も適切なものはどれか。

ア　売上債権の増加額　△35,000千円

イ　減価償却費　△10,000千円

ウ　固定資産の増加額　125,000千円

エ　仕入債務の増加額　△20,000千円

試験当日の注意（本番で実力を出し切るために）

試験当日の注意（1次試験編）

中小企業診断士1次試験は，酷暑の時期に行われます。したがって，試験当日のコンディション調整に失敗すると非常に不利になります。しかし，このことについての意識と準備が甘い受験生が多いように感じます。コンディションが良ければ受かるというものではないですが，調整の失敗は即不合格につながります。

以下に諸注意とアドバイスを書いておきますので，十分な対策を立てたうえで試験に臨んでください。

① 会場によっては前泊とタクシーの利用を考慮しましょう。

当日朝の体力の消耗は最小限にしなければいけません。気候のよい時期の数百メートルはどうということはありませんが，酷暑のなかでは予想よりもはるかに体力を消耗します。自宅から2時間以上かかる方は前泊もお勧めです。

② 寒さ対策は十分に

会場には冷房が入っていますが，座席の位置により冷房が効きすぎる場所があります。希望しても座席の変更はまず無理ですので，着たり脱いだりできる上着等，少し多すぎると思うくらいの用意をしてください。使わなければラッキーです。また，座布団を持参するのもよいでしょう。

③ 朝食・昼食は細心の注意を

特に昼食の食べ過ぎは致命傷になる場合があります。個人差がありますので，模試等の機会を利用して，どのぐらいの食事量が一番知的能率が上がるかを必ず事前に把握しておいてください。緊張のため食欲がない場合は，絶対に無理に食べてはいけません。

④ 休憩時間について

休憩時間の最終チェックの際は必ず音読してください（できれば歩きながら）。脳の回転が違います。得意科目で時間が余れば，早く退出して次に備えましょう。直前の見直しは効きます。もちろん，終わった科目を振り返ることは厳禁です。

あくまで個人的な意見ですが，当日はすべての試験が終わるまで他人との接触（メールや電話も含めて）は行わないほうがよいと思います。精神的ダメージを受ける可能性はできるだけ避けましょう。

過去問題演習① 解答・解説

〈令和２年度 第23問〉

当期首に~~1,500万円を~~ある設備（耐用年数3年，残存価額ゼロ，定額法）に投資すると，今後3年間にわたって，各期末に900万円の税引前キャッシュフローが得られる投資案がある。税率を30%とすると，この投資によって各期末の税引後キャッシュフローはいくらになるか。最も適切なものを選べ。

ア 180万円
イ 280万円
ウ 630万円
エ 780万円

「非現金は足し戻す」

1500 ÷ 3=500（減価償却費）

900
－500（減価償却費）

400
－120（税金400 × 0.3）

280
＋500（減価償却費足し戻し）

780

■解答フロー

❶ まず求める必要があるのが「各期の税引後キャッシュフロー（PLの処理）」であることから，NPVの計算時に行う新設備の購入費（BSの処理）は無視して各期のキャッシュフローを計算すればよいことがわかります。間違い防止のため，1,500に線を入れ消去します。
❷ 次に，ミス防止のために「非現金は戻す」と問題用紙に書き込みます。
❸ 関連する数字に○を入れます。
耐用年数，残存価額，定額法，キャッシュフロー，税率
❹ キャッシュのプラスが各期900百万円。
❺ 減価償却費を計算します。残存価格 0 なので1,500 ÷ 3 = 500百万円となります。
❻ 各期の税引前利益は400となります。税率30%より税額は120となり，400 － 120で280が求まります。
❼ 最後に，非現金支出の減価償却費500を足し戻し780となります。

よって，正解はエとなります。

テクニック☞最後の計算は省略しても暗算で780が判明します。

過去問題演習②　解答・解説

〈平成26年度　第13問〉

以下のデータに基づいて，A社のフリー・キャッシュフローを計算した場合，最も適切なものを下記の解答群から選べ。

【A社のデータ】

営業利益	200百万円		
減価償却費	20百万円		
売上債権の増加額	10百万円	－	
棚卸資産の増加額	15百万円	－	－30
仕入債務の減少額	5百万円	－	
当期の設備投資額	40百万円		
法人税率	40％		

	後利	120	＋140
＋	ゲ	20	
－	投	40	－70
	運	－30	
		70	

資産と非現金は逆に動く

［解答群］

ア　70百万円
イ　80百万円
ウ　120百万円
エ　130百万円

（税引後営業利益＋減価償却費）－（運転資金増加額）－（設備投資額）

もちろん本番では略号でOKです。

■解答フロー

❶ FCFの問題であるので問題用紙に公式を書き込みます。

❷ 税引後利益は200×（1－0.4）より120百万円。

❸ 減価償却費は20百万円，設備投資額は40百万円をそのまま資料より転記します。

❹ 次に運転資産について，売上債権・棚卸資産・仕入債務を計算します。考え方は間接法のCSのBS調整と同じです。
売上債権・棚卸資産については，両資産ともに増加しているのでキャッシュはマイナス。仕入債務の減少もキャッシュのマイナス要因ですので，合計した30百万円がマイナスされます。

よって，正解はアとなります。

過去問題演習③　解答・解説

〈平成28年度　第9問〉

次の貸借対照表と損益計算書について，下記の設問に答えよ。

貸借対照表

（単位：千円）

資産の部			負債・純資産の部		
	20X1年	20X2年		20X1年	20X2年
現金預金	30,000	20,000	買掛金	30,000	50,000
売掛金	20,000	55,000	未払費用	9,000	17,000
貸倒引当金	△1,000	△3,000	長期借入金	―	100,000
商品	40,000	50,000	資本金	100,000	100,000
建物・備品	100,000	225,000	利益準備金	20,000	40,000
減価償却累計額	△30,000	△40,000			
	159,000	307,000		159,000	307,000

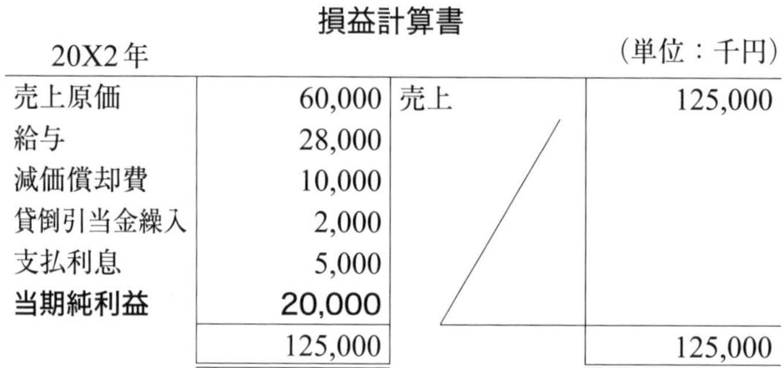

損益計算書

20X2年　（単位：千円）

売上原価	60,000	売上	125,000
給与	28,000		
減価償却費	10,000		
貸倒引当金繰入	2,000		
支払利息	5,000		
当期純利益	**20,000**		
	125,000		125,000

（設問1）

キャッシュ・フロー計算書上の表示として最も適切なものはどれか。

ア　売上債権の増加額　△35,000千円　○
イ　減価償却費　△10,000千円　×
ウ　固定資産の増加額　⊕125,000千円　×
エ　仕入債務の増加額　△20,000千円　×

資産と非現金は逆に動く

■解答フロー

❶ 選択肢を見ると，間接法の非現金項目調整とBS項目調整について問われているのがわかります。

❷ ミス防止のため「資産と非現金は逆に動く」と記入します。

❸ 選択肢のア・ウ・エについては，本問では「増加額」とあるので，財務諸表の数字の確認は不要でした。今後の出題で「増減」とあれば確認が必要となります。

❹ イは非資金支出費用であり，現金はプラスより×。

❺ ウの資産の増加は，現金について逆に動くので×。

❻ エの債務の増加は，現金の増加要因であるので×。

よって，正解はアとなります。

第5章

原価計算

■記憶ポイントと基礎知識

原価計算には大別して「個別原価計算」「総合原価計算」「標準原価計算」「直接原価計算」等がありますが，過去の出題は圧倒的に「総合」「標準」「個別」の3種類の出題が多くなっています。本書でも頻出のこの3つをメインに解説します。

ここでは，原価計算についての詳しい分類や理論的に詳しい話は割愛します。過去の問題でも比較的基本問題が多く，2次試験での出題もほとんどありません。本書のコンセプトである「詰めれば取れるところ」に絞って解説します。

(A) 総合原価計算

総合原価計算とは，**少ない種類の製品を大量生産**しているような場合をイメージしましょう。例えば，同じ規格の机や椅子を何個も何個も作り続けるような場合に総合原価計算が使われます。基本的な考え方は，1ヵ月にかかった費用を，作った数で割れば1個当たりの原価が計算できます。総合原価計算の概略をまず下図に示します。

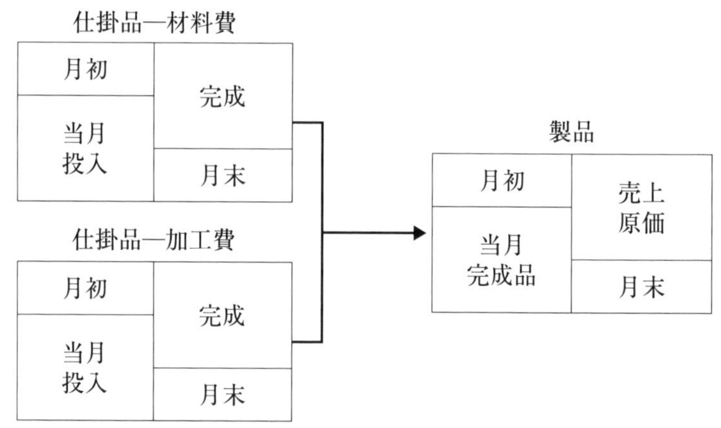

総合原価計算では，まず**材料費**と**加工費**に分けて計算します。材料費は，後述する個別原価計算等と同じ考え方です。材料をどれくらい使用したかを計算します。**加工費とは，労務費と経費（製造間接費）**だと1次試験対策としては大雑把に理解しておいてください。

前掲図で，材料費と加工費の製品にかかった分を足して，製品原価に振り替えます。売れた分は売上原価に振り替えます。

難しい問題が出たときにはこの図を使って解く必要がありますが，過去の試験問題ではもっと簡略化したフォーマットで解答できます。では具体例を考えてみましょう。

材料費は簡単です。先月末の仕掛品として月初にあった数に，当月投入量をプラスしたものが当月全体の材料費です。これを，**完成品と，月末仕掛品に按分するだけ**です。材料の単価の計算では，先入先出法や平均法がありますが，過去の出題はほぼ平均法です。

加工費のほうは少し計算に手間がかかります。下図を見てください。

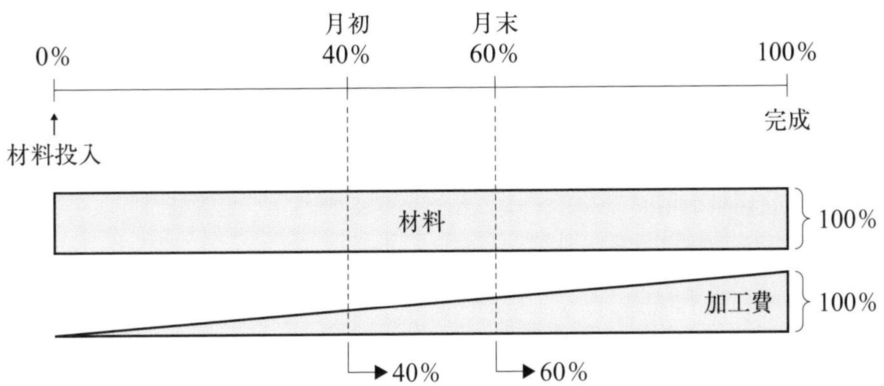

材料は，製品を作りはじめたときに全部投入を前提とすると（過去問題はすべてこのパターンです），どの時点で加工が終了しても，**材料費は常に同じ額**がかかっています。

しかし，**加工費は製品の加工作業の進行に従い順次発生していくもの**なので，製品の加工の程度に比例していきます。製品の加工がどこまで進んだかを示す尺度を**進捗度**と呼びます。

例えば上図の場合で，月初の仕掛品が1,000個で，当月投入量が5,000個，月末の仕掛品が1,000個，完成品が5,000個だとします。

材料は始点で全量投入されていますので，製品の進捗度が40%でも60%でもすべての材料費はどこで加工が終了しても100%です。

しかし，加工費は製品の加工が進むにつれて比例して増加していきますので，月初の仕掛品が1,000個あったとしてもそこに含まれている加工費は40%分，つまり完成品に換算すると，1,000個×40%で400個相当分しか加工費はかかっていないことになります。

※ただし，過去問題では，月初仕掛品の進捗度は解答に関係せず，期末進捗度のみが関係します。

同じく，月末の仕掛品も1,000個×60%で600個相当分にしか加工費はかかっていないことになります。しかし，完成品には100%含まれているので，5,000個×100%で5,000個です。

当月投入量は差額で求めます。完成品5,000個＋月末仕掛品換算量600個－月初仕掛品換算量400個＝5,400個が当月の投入量になります。

加工費は，この数量に換算したものに基づいて計算をすることになります。

☞過去問題のポイント

加工費には，数量に加工進捗度を掛けて完成品換算数量に直して計算をはじめることです。ただし，工業簿記の試験で出るややこしい計算問題はなく，**過去の出題は「材料始点投入・平均法で完成品または，月末仕掛品の額を求める問題」がほとんど**ですので，加工費の換算がしっかりできれば大丈夫です。

(B) 標準原価計算

まず，標準原価計算と個別原価計算・総合原価計算との違いから簡単に見ていきましょう。個別・総合原価計算等の実際原価計算は，実際の価格・消費量を使って計算します。例外として予定価格を用いて計算することもありますが，予定価格を使っても消費量が実際で計算していれば実際原価計算です。

簡単にいえば，標準原価計算は**予定価格・予定消費量で計算する**ということです。

一定の予定価格に，予定時間や数量を掛ければいくらぐらいで作れるかが計算できます。その後，実際に要した価格や数量それぞれについて差異を出して，その差異の原因を分析します。誤解を恐れずにいえば，実際原価計算は，利害関係者に数字を報告するための「財務諸表作成のための制度会計」であるのに対して，標準原価計算は，自社の生産管理の問題点を分析し改善につなげる「オペレーションマネジメントのための管理会計」とも表現できます。

手順としては，まず原価標準と呼ばれる製品1個当たりの単価の設定を行い，次に，一定数を作ったらこれくらいになるという標準原価を求めます。原価標準×製造予定数です。ちなみに，原価標準＝単価，標準原価＝全額です。日本語が似ていて間違いやすいので注意してください。標準原価を求めたら，次に実際原価を計算し，実際原価と標準原価を比べてその差異を分析します。

• 主な差異

標準と実際の主な差異には，**材料費差異（価格差異，数量差異）**と**労務費差異（賃率差異，時間差異）**および**製造間接費差異**があります。簿記試験ではシュラッター図を使用する製造間接費差異を求める問題が頻出ですが，中小企業診断士試験では過去にほとんど出題がありませんので，ここでは扱いません。出題レベルも高くありませんので，確実に得点したいところです。

基本的には以下の〒型のフォーマットを書き込み記入していきます。〒フォーマットは標準価格，標準消費量を超えた場合，ロスが発生するという考えに基づいて作成されているので，内側標準，外側実際になります。ただし，問題文のパターンによってはすぐに解ける問題もあります。

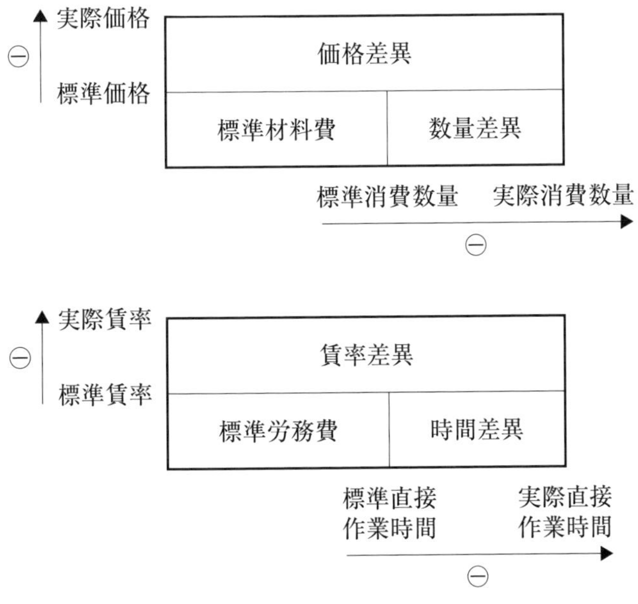

※語呂合わせ

縦の欄……請求額（価格）は実（実際）費（標準）でお願いします。

横の欄……投薬量（量）の表（標準）示（実際）は正確にお願いします。

1次試験における基本的な標準原価計算の問題では，この図と使い方がわかっていればまず大丈夫です。必ず，**図を覚えて位置関係で計算できるようマスター**しましょう。以下に数値例を挙げておきます。

標準消費数量が950kgに対して実際消費数量が1,000kg，標準価格が100円に対して実際価格が120円である場合の記入例は以下のようになります。

価格差異は20,000円の不利差異，数量差異は5,000円の不利差異となります。

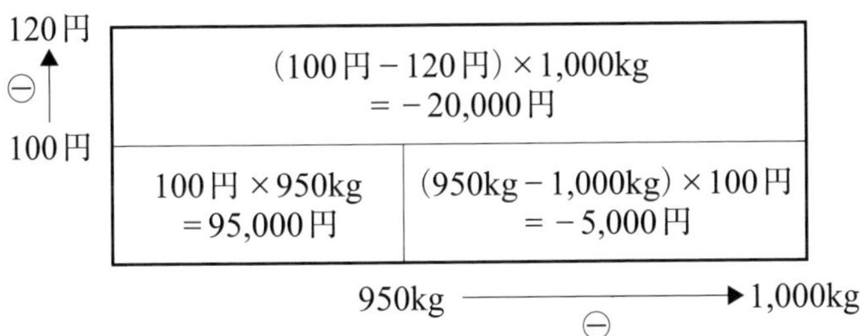

☞絶対に覚えておくべきポイント

① X軸に数量系，Y軸に価格系が来ること
② 外側（上端・右端）に実際，内側に標準が来ること
③ 標準と実際を比べ，標準から実際（内から外）を引くこと

は絶対に押さえてください。意外と本番でケアレスミスや度忘れが起こるところです。

※よろしければ，前ページで紹介した語呂合わせを参考にしてください。このような論理（ロジック）と関係ない表のようなものはどのような手を使っても覚えた者が勝ちです。

式で表すと，

価格差異は（標準価格－実際価格）×実際消費数量
数量差異は（標準消費数量－実際消費数量）×標準価格

となりますが，式は覚えにくく間違いやすいので，問題が出たらまず図を描いて資料を当てはめ答えを求めるほうが確実です。普通に該当する長方形の面積を求める感覚で大丈夫です。

ちなみに，純理論的には図の右上の部分については「混合差異」，例えば原材料価格が上がったうえに使用量も増えたという両方の影響を受けています。しかし，通常「価格は自分でコントロールできない」ことから一括して「価格差異」として扱います。

(C) 個別原価計算

個別原価計算とは，種類の異なる製品を受注生産する企業等で使われることが多くなります。例としては，一般的な建設業がイメージしやすいでしょう。基本的には，建設物（ビルやマンション）はいわゆる大量生産ではなく，1つ1つ注文を受けて土地の性質や注文主の目的に合わせて別々の仕様で生産することが多くなります。

個別原価計算では，製品ごとに製造指図書を発行し，この製造指図書をもとに原価計算表を作成して製造原価を計算します。簿記の試験では論点も多く，複雑な計算も求められます。しかし，1次試験では求められるテスティングポイントはほとんどが，①そもそもどの製造指図書を集計するかと②製造間接費の簡単な計算です。ここでは，テスティングポイントだけを確実に押さえましょう。

①売上原価については引渡し済みのものを，製造原価については完成済みのものを集計します。②については，資料の指示に従い機械使用時間等によって按分比例します。ここも簿記試験では詳細な論点がありますが，1次試験の財務・会計では出題されたことはありません。

☞2次試験に向けて

過去の問題では平成15年度に一度だけ出題があったほか,「品質原価計算」という派生論点が出題されたことがあります。2次試験への出題については予想が困難ですので,まずは1次試験に出題される基本論点を確実に解答できることを目指してください。

■1次試験問題の特徴

過去10年を見ても,毎年出題が1問～3問あり,時折ひねった出題もありますが,パターンは比較的一定でかつ難易度もさほど高くはないことから確実に得点したい領域です。

(A) 総合原価計算

50%以上の確率で出題があります。過去問題を見ると,ほとんどが,①材料はすべて始点投入,②平均法を用いて,③月末仕掛品原価または当月完成品原価を計算させる問題です。先入れ先出しや材料の途中投入等の簿記試験で出題のある応用論点はほとんど出題がありません。一度,連産品の論点が出題されましたが,問題に不備があり没問になっています。簿記試験を受験する方以外は,他の領域との時間配分を考えれば手を広げるのは得策ではないと思います。本書も過去の頻出パターンに絞って解説しています。慣れると30秒以下で解答が可能です。

(B) 標準原価計算

標準と実際の差異を求める問題がほとんどです。簿記試験ではシュラッター図を使用する製造間接費差異を求める問題が頻出ですが,中小企業診断士試験では過去出題がありません。出題レベルも高くありませんので,確実に得点したいところです。

基本的にはT型のフォーマットに書き込み記入して計算を行います。ただし,問題文のパターンによってはすぐに解ける問題もあります。

(C) 個別原価計算

2つのポイントを確実に押さえることにより得点が可能な問題について,確実に得点できるようにしておきましょう。

(D) 理論問題

また,理論問題として原価計算基準からの出題も頻出ですが,出題予想は困難です。ただ,捨て問にするのも惜しいと思いますので,公表されている原価計算基準を何度か読み込んでおく程度の用意をすることをお勧めします。

過去問題演習①

〈平成23年度　第10問〉

解答・解説はp.118

当社は製品を単一工程で大量生産している。材料はすべて工程の始点で投入している。当月分の製造に関する次の資料により，完成品原価として最も適切なものを下記の解答群から選べ。

<数量データ>（注）月初仕掛品はない。（　）内は加工進捗度を表す。

当月投入	1,200kg
月末仕掛品	500kg（40％）
完成品	700kg

<原価データ>

	直接材料費	加工費
当月製造費用	48,000千円	45,000千円

［解答群］

ア　30,000千円

イ　54,250千円

ウ　63,000千円

エ　72,333千円

過去問題演習②

〈平成29年度　第8問〉　解答・解説はp.120

単純総合原価計算を採用しているA工場の以下の資料に基づき，平均法により計算された月末仕掛品原価として，最も適切なものを下記の解答群から選べ。なお，材料は工程の始点ですべて投入されている。

【資　料】

(1) 当月の生産量

月初仕掛品	200個	（加工進捗度50%）
当月投入	800個	
合　計	1,000個	
月末仕掛品	400個	（加工進捗度50%）
当月完成品	600個	

(2) 当月の原価

月初仕掛品直接材料費	200千円
月初仕掛品加工費	100千円
当月投入直接材料費	1,000千円
当月投入加工費	700千円

[解答群]

ア　500千円

イ　680千円

ウ　700千円

エ　800千円

過去問題演習③

〈令和３年度　第７問〉

解答・解説はp.122

以下の資料は，工場の2020年8月分のデータである。このとき，製造指図書#11の製造原価として，最も適切なものを下記の解答群から選べ。

【資　料】

(1) 直接費

製造指図書	材料消費量	材料単価	直接作業時間	賃　率
#11	50kg	@2,000円／kg	100時間	1,200円／時
#12	60kg	@2,500円／kg	110時間	1,200円／時
#13	50kg	@1,500円／kg	90時間	1,200円／時

(2) 間接費

製造間接費実際発生額：150,000円

製造間接費は直接作業時間を配賦基準として各製品に配賦する。

[解答群]

ア　220,000円

イ　228,000円

ウ　270,000円

エ　337,000円

過去問題演習④

〈平成27年度　第7問〉

解答・解説はp.124

次の資料は，工場の20X1年8月分のデータである。このとき，製造指図書#123の製造原価として最も適切なものを下記の解答群から選べ。なお，すべて当月に製造を開始した。

【資　料】

(1) 製造直接費

製造指図書	材料消費量	材料単価	直接作業時間	賃　率
#121	650kg	@110円／kg	90時間	1,000円／時
#122	750kg	@110円／kg	100時間	1,000円／時
#123	1,000kg	@110円／kg	110時間	1,000円／時

(2) 製造間接費

実際発生額：90,000円

(3) 製造間接費は直接作業時間を配賦基準として各製品に配賦する。

［解答群］

ア　212,500円

イ　220,300円

ウ　253,000円

エ　262,500円

過去問題演習⑤

〈平成27年度　第8問〉

解答・解説はp.126

販売予算が以下のとおり編成されていたとする。いま，第2四半期（Q2）の実際販売量が1,100個，販売価格が99,000円であったとする。数量差異と価格差異の組み合わせとして，最も適切なものを下記の解答群から選べ。

販売予算	Q1	Q2	Q3	Q4	合計
販売量（ 個 ）	1,000	1,200	1,400	1,400	5,000
売上高（万円）	10,000	12,000	14,000	14,000	50,000

[解答群]

ア　数量差異900万円（不利差異）と価格差異210万円（不利差異）

イ　数量差異1,000万円（不利差異）と価格差異110万円（不利差異）

ウ　数量差異1,100万円（不利差異）と価格差異10万円（不利差異）

エ　数量差異1,200万円（不利差異）と価格差異90万円（有利差異）

ポイントレッスン①

ファイナンスにおけるリスクの意味

世間一般で使われる意味と，専門分野で使われる意味に違いがある場合があります。

典型的には，経営法務で学習した「善意」「悪意」を思い出してください。一般的な意味と違い，法律用語での「善意」は知らないこと，「悪意」は知っていることを意味しました。

同じように，ファイナンスの世界では「リスク」という言葉について，一般的な意味と多少の（しかし重要な）違いがありますので，確認しておきましょう。ここの理解が不十分であると今後のファイナンス分野の学習の障害になる可能性があります。

以下の3つの例のなかで，あなたはどの場合が「リスクが一番高い」と考えますか?

A　幼稚園児の乗る3輪車にぶつかる。

B　大人が乗る原付バイクにぶつかる。

C　走行中の新幹線にぶつかる。

いわゆる，一般的な使い方ではCの例が一番「リスクが高い」と判断されると思います。つまり，「絶対的な危険度の大きさ」とでも言いましょうか。しかし，ファイナンス理論ではBの例についてのリスクが一番高いと判断します。

なぜなら，Bが結果の予測が一番難しい，つまり**「予想される結果の幅にブレが大きく存在する」**からです。Aの例で命を落とすことはまずなく，逆にCの例で助かることもまずありません。つまり，ほぼ確実に結果が予想できます。しかし，Bの例については，タイミングによっては打撲で済むこともあれば命を落とすこともあります。つまり予測が困難でブレが大きいのです。

この，**「結果についてのブレの大きさ」がファイナンスの理論のリスクである**ことを，ここでしっかり理解してください。

過去問題演習① 解答・解説

〈平成23年度 第10問〉

当社は製品を単一工程で大量生産している。材料はすべて工程の始点で投入している。当月分の製造に関する次の資料により，完成品原価として最も適切なものを下記の解答群から選べ。

<数量データ>（注）月初仕掛品はない。（ ）内は加工進捗度を表す。

当月投入　　1,200kg

月末仕掛品　$\frac{7}{12}$［ 500kg（40%）　200 ］$\frac{7}{9}$

完成品　　　　700kg ──→ 700

<原価データ>

	直接材料費	加工費
当月製造費用	48,000千円	45,000千円

$48 \times \frac{7}{12} = 28$　　$45 \times \frac{7}{9} = 35$

［解答群］

ア　30,000千円

イ　54,250千円

ウ　63,000千円

エ　72,333千円

■解答へのステップ

まず問題文に指定のある求めるものに丸を入れるとともに，資料のデータの該当箇所にも丸を入れます（本問では完成品）。このとき，選択肢を検討し下の桁についての計算が必要かを確認します。本問では不要なことがわかりますので，以後，不要な桁は無視します。

■解答フロー

❶ 月末仕掛品の右に加工費換算量を記入します。（本問では500 × 40%なので200）

❷ 完成品と同じ数字を右に記入します。（本問では700）
この作業はミス防止のため，必ず行ってください。

❸ 上記の記入を終えた4つのデータを挟むように［　］書きをします。

❹［　］の左側に，分母を材料の当月使用全体量（12），分子については問題で求められているほう（本問では完成品）の使用量を記入（7）。［　］の右側には，分母を加工費換算の当月の全体加工量（9），分子に完成品にかかる加工量（7）を記入します。
材料費は全体12分の当月7，加工費は全体9分の当月7となります。

❺ 原価データを見ると，材料費・加工費ともに百の位（下3桁）が0であるので材料費48，加工費が45として計算します。それぞれに12／7と7／9を乗じると28と35が求まり，足すと63になります。よって，正解はウとなります。

※問題が「仕掛品加工費」であれば，上記の左の完成品に関する部分の作業は不要で，右の加工費部分のみでOKです。

過去問題演習② 解答・解説

〈平成29年度 第8問〉

単純総合原価計算を採用しているA工場の以下の資料に基づき，平均法により計算された月末仕掛品原価として，最も適切なものを下記の解答群から選べ。なお，材料は工程の始点ですべて投入されている。

【資 料】

(1) 当月の生産量

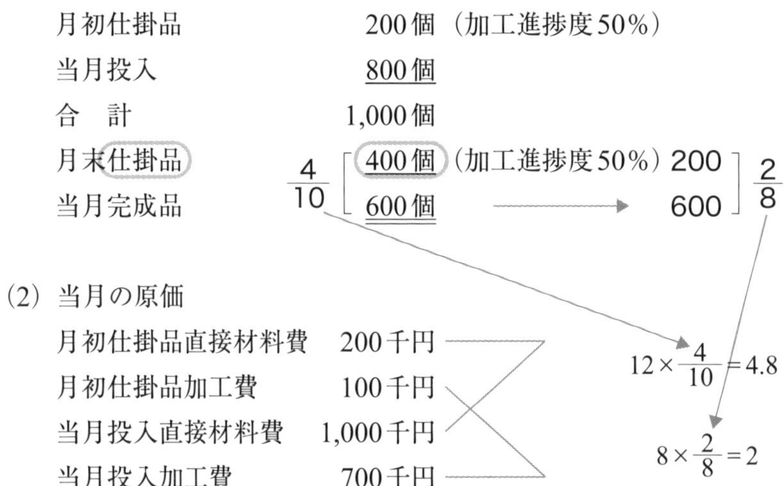

月初仕掛品	200個	（加工進捗度50％）
当月投入	800個	
合 計	1,000個	
月末仕掛品	400個	（加工進捗度50％）
当月完成品	600個	

(2) 当月の原価

月初仕掛品直接材料費	200千円
月初仕掛品加工費	100千円
当月投入直接材料費	1,000千円
当月投入加工費	700千円

［解答群］

ア 500千円

イ 680千円

ウ 700千円

エ 800千円

■解答へのステップ

まず問題文に指定のある求めるものに丸を入れるとともに，資料のデータの該当箇所にも丸を入れます（本問では仕掛品)。このとき，選択肢を検討し下の桁についての計算が必要かを確認します。本問では不要なことがわかりますので，以後，不要な桁は無視します。

■解答フロー

❶ 月末仕掛品の右に加工費換算量を記入します。(本問では400×50%なので200)

❷ 完成品と同じ数字を右に記入します。(本問では600)

❸ 上記の記入を終えた4つのデータを挟むように［　］書きをします。

❹［　］の左側に，分母を材料の当月使用全体量（10)，分子については問題で求められているほう（本問では仕掛品）の使用量を記入（4)。［　］の右側には，分母を加工費換算の当月の全体加工量（8)，分子に仕掛品にかかる加工量（2）を記入します。
材料費は全体10分の当月4，加工費は全体8分の当月2となります。

❺ 原価データを見ると，材料費・加工費ともに十の位（下2桁）が0であるので月初と当月を足し材料費12，加工費も同様に計算し8が求まります。それぞれに4／10と2／8を乗じると4.8と2が求まり，足すと6.8になります。

よって，正解はイとなります。

過去問題演習③　解答・解説

〈令和３年度　第７問〉

下の資料は，工場の2020年8月分のデータである。このとき，製造指図書#11の製造原価として，最も適切なものを下記の解答群から選べ。

【資　料】

(1) 直接費

製造指図書	材料消費量	材料単価	直接作業時間	賃　率
	100,000円		120,000円	
#11	50kg	@2,000円／kg	100時間	1,200円／時
#12	60kg	@2,500円／kg	110時間	1,200円／時
#13	50kg	@1,500円／kg	90時間	1,200円／時

(2) 間接費

300h

製造間接費実際発生額：150,000円

製造間接費は直接作業時間を配賦基準として各製品に配賦する。

$\frac{15,000円}{300H} \times 100h$

［解答群］

ア　220,000円

イ　228,000円

ウ　270,000円

エ　337,000円

■解答へのステップ

まずどの指図書が対象になるかを確認します。今回はありがたいことに#11と指定されていますので，#11を囲みます。

■解答フロー

❶ 材料費は50 × 2,000 = 100,000と求められます。同様に，人件費は100 × 1,200 = 120,000と求まるので，両方を問題用紙に記入します。

❷ 次に，製造間接費を求めます。資料に直接作業時間に基づいた配賦とあるので，直接作業時間について○で囲み，合計を暗算で出すと300が求まります。

❸ 資料の製造間接費実際発生額15,000を300で割ると1時間当たり500が求まり，500 × 100時間で，#11分の間接費は50,000と決まります。

❹ ❶～❸を合計すると270,000円となります。

よって，正解はウとなります。

※（別解）資料からは，選択肢の1000の位がゼロになることがわかりますので。イとエについてはその時点で解答から排除されます。材料費と人件費を合計した時点で220,000となり確実にそれ以上の数字となるため，アが排除され消去法でウを選択しても構いません。

過去問題演習④　解答・解説

〈平成27年度　第7問〉

次の資料は，工場の20X1年8月分のデータである。このとき，製造指図書#123の製造原価として最も適切なものを下記の解答群から選べ。なお，すべて当月に製造を開始した。

【資　料】

（1）製造直接費

製造指図書	材料消費量	材料単価	直接作業時間	賃　率
#121	650kg	@110円／kg	90時間	1,000円／時
#122	750kg	@110円／kg	100時間	1,000円／時
#123	1,000kg	@110円／kg	110時間	1,000円／時

（2）製造間接費

実際発生額：90,000円 ÷ 300 = 300／h

（3）製造間接費は直接作業時間を配賦基準として各製品に配賦する。

［解答群］

ア　212,500円

イ　220,300円

ウ　253,000円

エ　262,500円

■解答へのステップ

まず，どの指図書が対象になるかを確認します。本問では問題文で#123が対象として指定されているので，#123に丸を入れます。このとき，選択肢の百の位（下3桁）が揃っていないことを確認します。

■解答フロー

❶ 製造間接費を求めます。資料（3）に直接作業時間に基づいた配賦とあるので，まず直接作業時間を計算すると300時間が求められます。

❷ 実際発生額90,000円を300時間で割ると1時間当たり300円。

❸ #123の直接作業時間に丸を入れます。110時間なので，
300 × 110 = 33,000

❹ ここで#123の材料費と賃料（労務費）の数字を見ると，両方とも1,000 × 110 = 110,000であるので足します。
110,000 + 110,000 + 33,000 = 253,000

よって，正解はウとなります。

※（別解）材料費と賃料を求めた時点で合計の費用の下3桁は0であることがわかります。ここで正解の千の位の数値は，製造間接費33,000の3,000となり，選択肢の末尾が3,000なのは選択肢ウだけなので，正解はウと解いてもよいです。

過去問題演習⑤　解答・解説

〈平成27年度　第8問〉

販売予算が以下のとおり編成されていたとする。いま，第2四半期（Q2）の実際販売量が1,100個，販売価格が99,000円であったとする。数量差異と価格差異の組み合わせとして，最も適切なものを下記の解答群から選べ。

販売予算	Q1	Q2	Q3	Q4	合計
販売量（個）	1,000	1,200	1,400	1,400	5,000
売上高（万円）	10,000	12,000	14,000	14,000	50,000

100,000

［解答群］

ア　数量差異900万円（不利差異）と価格差異210万円（不利差異）

イ　数量差異1,000万円（不利差異）と価格差異110万円（不利差異）

ウ　数量差異1,100万円（不利差異）と価格差異10万円（不利差異）

エ　数量差異1,200万円（不利差異）と価格差異90万円（有利差異）

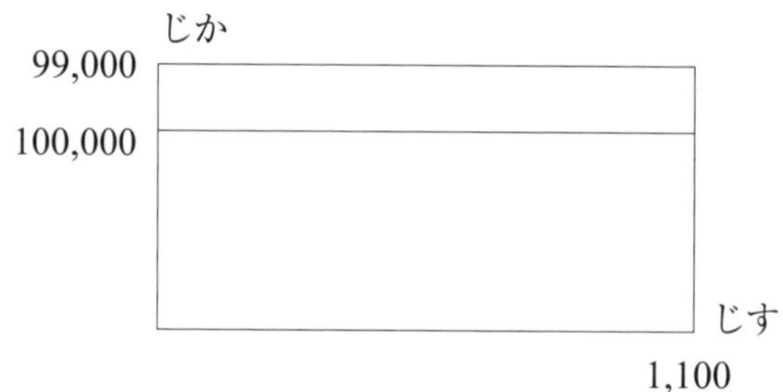

■解答へのステップ

問題文と選択肢より，数量差異と価格差異を求める問題であることがわかります。

また，選択肢の数字を確認すると，すべての数値が異なることから，数量差異か価格差異のどちらか1つの数値がわかれば正解できます。

■解答フロー

❶ 問題文の1,100個と99,000円に丸を入れます。

❷ 次にQ2の販売量と売上高の部分に丸を入れ，標準（予定）販売価格を求めます。暗算で100,000円が求まります。

❸ 〒型のフォーマットを記入しますが，今回は価格差異のみ求めますので，省略形で構いません。

※（別解）もちろん数量差異のほうを求めていただいても結構です。

❹ ミス防止のため「じか（実際価格）」「じす（実際数量）」を外側に記入します。

❺ 実際価格99,000と標準（予定）価格100,000の差1,000に実際販売量1,100を掛けて1,100,000の不利差異が求まり，イが正解となります。

（速算） 1,000 × 1,100を計算せずとも，選択肢を見ればイとわかります。

記憶法について

中小企業診断士試験において，記憶がすべてではもちろんありません。しかし，記憶することを避けて合格が不可能なこともまた事実です。

まず大前提として，記憶については大脳生理学的見地からの「量とタイミング」が大切です。そのうえで，個々の事項について，以下の3要素に留意して工夫を行うことで効率が上がります。

記憶を楽にするための3要素

❶ 論理

これができるのが理想的です。

（例）ルール⇒取締役会を置く場合には原則監査役を置く必要がある

論理⇒「取締役会を置く」ことは経営を「プロに任す」ということを意味します。⇒「プロに任さない」つまり株主自ら経営をしているときには自分たちで監視をすることができます。⇒しかし，プロに任す場合には株主による監視が困難になります⇒そこで監視のプロとして監査役を置くことを会社法で義務づけています。経営法務ではこのような論理で記憶する項目が多くなっています。

❷ 意味づけ

語呂合わせによる記憶は，意味づけを利用したものが多いです。

1192という数字に「良い国」という意味を無理やりに持たせることで覚えます。

❸ 映像化

人間の脳は，図形・イメージ等のほうが文字より記憶しやすいようにできています。

語呂合わせを作成するときの重要ポイント

① 類似または同一の音声の利用

② 類似または同一の意味の利用

③ 一部抽出

④ 対立項の利用

（例）(a) 鳥 (b) 無限にいれば (c) 金 (d) たまる

(a) 投資の利子弾力性 (b) 無限大 (c) 金融政策 (d) 有効 (e) 財政政策無効

(a) (b) (c) は擬音化＋一部抽出，(d) は意味の類似，(e) は対立項の利用の例です。

10日ルール

情報 ➡ 海馬
- 10日以内に入力無し ➡ 忘却
- 10日以内で繰り返し入力 ➡ 側頭葉（長期記憶）

人の頭脳に情報が入った場合，いったん海馬という部分に短期的に蓄えられます。

人の脳には日常的に莫大な量の情報が入力されますが，そのすべてを記憶すると大きな負担となることは想像できます。そこで脳は，その後10〜14日間同じ情報の入力がない場合，その情報は生存に必要ないと判断して，忘却するメカニズムが働くようになっています。したがって，長期記憶になるまでは，10日以内に繰り返し入力をする必要があります。ポイントは「長期記憶になるまで」ということです。

真摯に学習した受験生であれば，例えば特許権の存続期間は「出願の日から20年」であることなどは，長期記憶になっていることと思います。そのような事項は削っていき，曖昧な（つまり長期記憶になっていない）ものを認識したうえで，学習を行うことが非常に効果的です（コラム③参照）。

逆にいえば，一度学習したことを長期記憶にならないうちに10日以上放置すると，もう一度最初からやり直すことになりかねません。このことについて，心当たりのある受験生もいらっしゃるのではないでしょうか。十分に上記の原則に注意を払い，スケジュール管理を行ってください。

第6章

資金調達

■記憶ポイントと基礎知識

資金調達についてはWACC（加重平均資本コスト）等の出題があります。また，WACC計算の前提として必要とされることが多いCAPM理論もここで扱います。それぞれ基本的な事項を論理的に理解することを目指しましょう。では最重要項目のWACCからです。

• WACC

そもそもWACCで求められる数値とは何でしょうか。端的にいえば，**「企業の生存に最低限必要な儲け」**を，資本と負債の関係から％表示で導きだしたものです。BSの右側の株主資本および負債は資金の調達源泉を表しますが，調達した資金について調達先つまりリスクを取って資金を提供してくれた株主や債権者に，相応のリターンを返す必要があります。WACCは次の公式で計算されます。

$$\text{WACC}=\frac{\text{株主資本}\times\text{株主資本コスト(CAPM)}+\text{負債}\times\text{負債コスト}\times(1-\text{税率})}{\text{株主資本}+\text{負債}}$$

分母には，BS上の負債額と株式時価総額の合計額が入ります。分子には，①株式時価総額に株主資本コストを乗じたものに，②負債額に法人税の節約効果（タックスシールド）を考慮した負債コストを乗じたものを加算します。式自体は特に難しいことはなく，BSの右側の主要項目である株主資本と負債について，法人税率を考慮に入れて按分するだけです。

• 負債と株主資本に要求される期待値

ここで，負債より株主資本に対する期待値がなぜ高くなるかについて，復習しておきましょう。それは，端的に**「負債としての貸付」と「株主資本としての出資」では後者のリスクが高い**ことが理由です。倒産などを除いて「負債の元本と利息」は確実な返済（収入）が期待できるのに対し，株主資本としての出資は，利益が上がらなければ配当を得られないことはもちろん，元本の償還に当たる「払い戻し」も原則できません。

逆に，出資先の企業が予想以上に成長した場合には，当初の見込みより高いリターンがあることもめずらしくありません。つまり，よくも悪くもバラツキが大きいのが株主資本としての出資であり，**「バラツキ≒リスク」と考えるファイナンス理論では，リスクの大きい出資は融資より高いリターンが求められる**ことになります。

• WACCとCAPMの重要性

資金調達をはじめ企業価値評価や理論株価の推定等，非常に多くの場面で使用することになるのがWACCです。

当然ですが，試験対策上も確実な理解が求められます。過去の問題を見ても，ほぼ何らかの形で毎年出題があります。ただし，難易度はそれほど高くない問題がほとんどであり，確実に得点することが必要です。

CAPM（資本資産評価モデル）は特定の資産（以下では話をわかりやすくするために，資産を株式として解説を進めます）からの期待リターンであり，WACCの株主資本部分の必要リターン（株主資本コスト）を求めるときにもよく使用します。つまり，企業経営を維持するためには，**出資された株主資本の何%を出資者である株主に支払う必要があるかを示す指標**です。CAPMについてもWACC同様，試験に頻出しており，計算式の各項目の内容についてまでしっかり理解する必要があります。

• CAPMの公式と内容

①無リスク資産のレート＋②β×（③市場ポートフォリオの期待値－無リスク資産のレート）となります。

① 無リスク資産のレートとは

具体的には**国債金利や普通預金金利**をイメージしてください。つまり，投資家は無リスク資産に全額を投資しておけば，**ノーリスクで一定のリターン**を得ることが可能です。

※現在の日本はマイナス金利政策等，歴史的に見ても異常な事態にありますが，そこは無視して本来あるべき基本的（健全）な状況を想定してください。

そこで，投資家は何らかの投資をする場合，**最低でも無リスク資産への投資以上のリターンを求めます。**それが右側の②β×（③市場ポートフォリオの期待値－無リスク資産のレート）の部分と考えてください。

③ 市場ポートフォリオの期待値とは

順番が逆になりますが，説明が比較的簡単な③の「市場ポートフォリオの期待値」から説明します。

株式市場全体の期待収益率であり，具体的にはTOPIX（TOPIXとは，東京証券取引所の第1部に上場している全会社の株式を対象として算出される株価指数）に期待される運用益等をイメージしてください。1人の投資家が東京証券取引所のすべての株を買うことは通常困難ですが，指数連動型の投信等で購入可能です。

したがって，③については東京証券取引所の平均株価が外部環境の影響を受けるのと同様に，経済全体の影響を受けます（為替変動やリーマンショック等の異変）。これを，**「システマティック・リスク」**と呼びます。

② βとは

③が株式市場全体の話であるのに対し，β値は個々の株式と株式市場全体との関係性を示す数値（指数）となります。ここで注意することは，個々の株式そのものの話ではなく**株式市場全体の動向との相対的な関係**を表すということです。β値が大きくなるということは，CAPMの公式に当てはめると**資本コストも大きくなる**方向に変化します。つまり，**ファイナンス理論ではリスクが大きくなるため求められるリターンも大きくなる**ことを表します。

つまり，β値が1であればTOPIX連動の投信を購入するのと同じ期待収益率，0なら普通預金への預け入れや国債を購入するのと同じ期待収益率となります。では1より大きい場合と1より小さい場合はどうでしょう？

上述のように，式全体を見たときβ値の大きさが大きいと期待リターンが大きくなるのがわかります。すなわち，1より大きい場合は株式市場全体に比べて「変動が大きい≒リスク大」。ゆえに求められる期待値が高くなります。例えば，β値が1.5ということは株式市場が1,000円安に振れた場合に1,500円安になるということを表しています。逆に，β値が1より小さい場合は「変動が小さい≒リスク小」。ゆえに求められる期待値も低くなります。

ここでイメージしやすいように具体例を考えてみましょう。以下の会社のβ値を大きい順に並べるとどうなるでしょう？

A　川崎汽船株式会社
B　トヨタ自動車株式会社
C　エスビー食品株式会社

答えは，

A	川崎汽船株式会社	2.36
B	トヨタ自動車株式会社	0.66
C	エスビー食品株式会社	0.00

※各社のβ値は　日本経済新聞社HP（2023.2.1）より引用

海運業である川崎汽船は，景気が上向けば荷動きが活発になるように，外部環境の変動による影響を大きく受け（ブレが大きい），そのためβ値が高くなります。トヨタ自動車も景気の変動から影響を受けますが，自動車は必需品的な要素もあり，安定した買い替え需要等もあるため，景気変動による影響は比較的小さく1以下の0.66になっています。

それに対して，エスビー食品は，内需比率が大きく，かつ食品という典型的な必需品です。景気が悪くなっても食品を買わないわけにいきませんし，逆に景気がよくなってもエスビー食品の主力商品である「調味料」等の使用料が大きく増えることもありません。そのため β 値も実質的に景気の動きに関係ない0.00という数字になっています。

繰り返しますが，ファイナンスの世界では**期待値の大小ではなく，「リスク（ブレ）が大きい」＝「求められる収益率が大きくなる」**ことを確認してください。

• 理論株価と配当割引モデル

理論株価の決定に使用される**配当割引モデル**とは，将来に投資家が得る配当金合計を期待収益率で割引き，現在価値を求めることにより株式の理論的な株価を求める手法のことです。

1会計年度当たりの配当金が将来において同じ額であると仮定した場合に，理論株価をP，配当金をD，期待収益率をrとした場合の計算式は以下のようになります（理論的な説明は割愛します）。

$$P = D／r$$
（理論株価）＝（配当金）／（期待収益率）

なお，ここで**期待収益率**を求めるためには，上述のCAPMを用いることが一般的ですが，試験では設問の資料であらかじめ与えられることもあります。

例えば，ある会社の配当金が1,000円で期待収益率を5%とした場合，理論株価 Pは次のようになります。

P＝1,000／5%＝20,000円

上の式では配当額は永久に一定であり，企業の成長については考慮していません（ゼロ成長モデル）。そこで企業の成長を加味し，毎期の配当金が年間gの成長率で成長すると仮定した場合の理論株価Pを求める式は次のように変化します（一定成長モデル）。

$$P = D(1+g)／(r-g)$$
（理論株価）＝（配当金）／（期待収益率－成長率）

上記の例で，配当が年率3%で一定成長すると仮定した場合の理論株価Pは次のようになります。

P＝1,030／（5%－3%）＝51,500円

上記の2つのパターンの式については絶対に押さえる必要があります。

☞２次試験に向けて

平成30年度を含め，過去3回ほど出題があります。企業価値を計算させる前段階として，WACCやCAPMを使用させる問題は今後も要注意です。

■１次試験問題の特徴

上記の分野からは，例年1～2問出題があります。この分野も深入りすると高等数学が必要になる非常に難解な領域です。しかし，過去の1次試験の問題を見る限り難問はほとんど出題されておらず，基本の確実な理解があれば得点はそれほど難しくありません。基本的な問題が出題されることが多く，確実に得点したい領域です。

過去問題演習①

〈令和３年度　第15問〉 解答・解説はp.138

以下の資料に基づき計算した加重平均資本コストとして，最も適切なものを下記の解答群から選べ。なお，負債は社債のみで構成され，その時価は簿価と等しいものとする。

【資　料】

株価	1.200円
発行済株式総数	50,000株
負債簿価	4,000万円
自己資本コスト	12%
社債利回り	4%
実効税率	30%

［解答群］

ア　6.16%

イ　7.68%

ウ　8.32%

エ　8.80%

過去問題演習②

〈平成25年度　第14問〉 解答・解説はp.140

以下のデータからA社の加重平均資本コストを計算した場合，最も適切なものを下記の解答群から選べ。

有利子負債額	4億円
株式時価総額	8億円
負債利子率	4%
法人税率	40%
A社のベータ（β）値	1.5
安全利子率	3%
市場ポートフォリオの期待収益率	8%

［解答群］

ア　5.8%　　イ　6.7%　　ウ　7.8%　　エ　8.3%

過去問題演習③

〈平成26年度　第19問〉 解答・解説はp.142

A社の配当は60円で毎期一定であると期待されている。このとき，以下のデータに基づいてA社の理論株価を算定した場合，最も適切なものを下記の解答群から選べ。

【データ】

安全利子率	2%
市場ポートフォリオの期待収益率	4%
A社のベータ値	1.5

〔解答群〕

ア　1,000円

イ　1,200円

ウ　1,500円

エ　3,000円

過去問題演習①　解答・解説

〈令和３年度　第15問〉

以下の資料に基づき計算した加重平均資本コストとして，最も適切なものを下記の解答群から選べ。なお，負債は社債のみで構成され，その時価は簿価と等しいものとする。

【資　料】

株価	1.200円	} 6,000万円
発行済株式総数	50,000株	
負債簿価	4,000万円	
自己資本コスト	12%	➡ 12×6＝72
社債利回り	4%	➡ 4×4×（1－0.3）
実効税率	30%	

［解答群］

ア　6.16%

イ　7.68%

ウ　8.32%

エ　8.80%

テクニック☞選択肢の利用とWACCの計算

選択肢の解答の数字は一番下の桁の数がすべて違いますので，末尾がわかればOKです。

桁についても考慮不要ですので，3①小数点を無視します。

さらに，②WACCの計算では初め分母を無視して計算します。

■解答へのステップ

WACCの数値を求める問題は，WACCの式に問題文の資料にある数字を代入して解くのが一般的です。しかし，全数字を代入するのは無駄が多いため，KECメソッドではやや変則的な方法を用います。

ポイントは，①分母の部分はいったん無視して計算すること，および②小数点を消すことです。実例を見ていきましょう。

■解答フロー

❶ まず，負債については，時価は簿価に等しいと問題文にありますので4,000万円をそのまま使います。

❷ 次に，資本については資料に「発行株式総数」と「株価」があるので乗じて計算すると，6,000万円であることが判明します。

❸ この時点で分母が1億円であることがわかりますので，分母は完全に無視してよいことがわかります。

❹ 小数点を無視して，資本コストは自己資本コストの12，負債のコストは社債利回りの4を使用します。また，1000の位のゼロ3つも面倒なだけですから消去します。

❺ 資本コストは$6 \times 12 = 72$，負債コストは$4 \times 4 \times (1 - 0.3)$。ここで負債コストのほうのみに（この計算での）小数点以下が発生することがわかります。16×0.7のため小数点の末尾は2になることが暗算でわかります（$6 \times 7 = 42$のため）。

❻ よって，末尾が2であるウが正解となります。

過去問題演習②　解答・解説

〈平成25年度　第14問〉

以下のデータからA社の加重平均資本コストを計算した場合，最も適切なものを下記の解答群から選べ。

有利子負債額	4億円	12
株式時価総額	8億円	
負債利子率	4%	
法人税率	40%	
A社のベータ（β）値	1.5	$3+1.5(8-3)=10.5$（$1.5(8-3)$＝7.5）
安全利子率	3%	
市場ポートフォリオの期待収益率	8%	

［解答群］

ア　5.8%　　イ　6.7%　　（ウ）7.8%　　エ　8.3%

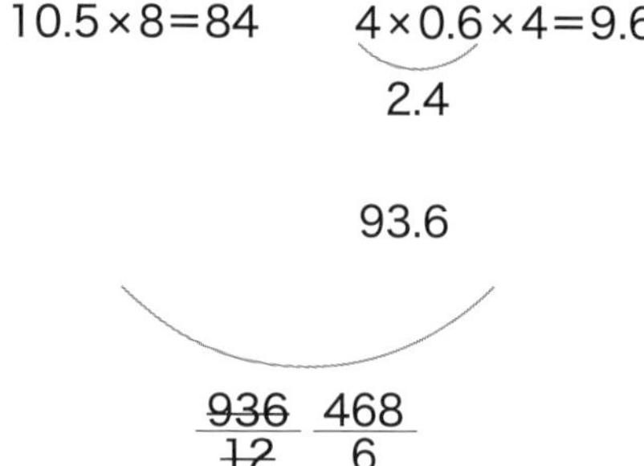

テクニック☞選択肢の利用とWACCの計算

選択肢の数字は一番下の桁の数がすべて違いますので，末尾がわかればOKです。桁についても考慮不要ですので，①小数点を無視し，さらに②WACCの計算では初め分母を無視して計算します。

■解答へのステップ

WACC計算の前提として，CAPMで株主資本コストを問う問題です。

CAPMとWACCの計算式がわかれば困難な問題ではありません。

ポイントである①分母の部分はいったん無視して計算すること，および②小数点を消すことは，過去問題演習①と同じです。

■解答フロー

❶ まず分母は一旦無視して株主資本コストの計算を行います。

❷ CAPMの計算に必要な部分にマークを入れ，CAPMの式に代入します。

❸ 安全利子率3% + β 1.5（市場ポートフォリオの期待収益率8% − 安全利子率3%）より，10.5となります。

❹ 株式時価総額8に10.5を掛けると，株主資本コスト84が求められます。

❺ 次に，負債コストは，負債利子率4% ×（1 − 法人税率（0.4））× 有利子負債額4より9.6が求められます。

❻ **（速算）** 株主資本コストと負債コストの合計は93.6ですが，小数点を消した936とします。

❼ 分母は有利子負債額4と株式時価総額8を足して12となります。

❽ **（速算）** 936／12を2で約分すると468／6

❾ **（速算）** 468は（420 + 48）／6より6で約分すると70 + 8 = 78
よって，正解はウとなります。

※（別解）近似値を使うと，6 × 8は48（480）ですので選択肢のエ8.3は8より大きく，明らかに468より上の数になりますので消去。6 × 7は42（420）で468より明らかに低くなります。それより明らかに低い数になる6.7のイも消去。アは論外ですので，ウが残ります。

過去問題演習③　解答・解説

〈平成26年度　第19問〉

A社の配当は60円で毎期一定であると期待されている。このとき，以下のデータに基づいてA社の理論株価を算定した場合，最も適切なものを下記の解答群から選べ。

【データ】

安全利子率	2%
市場ポートフォリオの期待収益率	4%
A社のベータ値	1.5

$2+1.5(4-2)=5$（$1.5(4-2)=3$）　$\frac{60}{5}=12$

［解答群］

ア　1,000円

(イ)　1,200円

ウ　1,500円

エ　3,000円

■解答へのステップ

理論株価を求める問題です。CAPMと配当割引モデルの公式を理解していれば，それほど困難ではありません。

■解答フロー

❶ CAPMの公式にデータの数字を代入すると5が求められます。

安全利子率2%＋β1.5（市場ポートフォリオの期待収益率4%－安全利子率2%）＝5

❷ 配当割引モデルの公式は理論株価＝配当金／期待収益率ですので，

❸ 60÷5より12

よって，正解はイとなります。

語学学習メソッドの応用

以下の6つの技法は，語学学習に関するもののなかから代表的手法をピックアップしたものです。

「黙読」と「音読」を主体として，他の4つの技法をバランスよく取り入れることで語学以外でも効率的な学習が可能となります。また，ICレコーダーは学習の必須アイテムです。5,000円程度で学習に十分使える性能のものが購入可能ですので，お持ちでない方は必ず入手してください。

• リーディング（黙読）

学習法の王道。語学学習では多読の効果も実証されています。単位時間当たりの情報処理量が多いことが最大の利点です。

• 音読

脳のコンディションを上げレディネスの導入に有効なため，学習時間の初めに行うことで学習効果を大きく上げることができます。記憶事項の内在化（インテイク）にも効果があります。

• シャドーイング（復唱）

「黙読」や「音読」とは異なる脳の部分を使用するため，途中に入れると効果的です。音読同様，記憶事項の内在化にも効果があります。

• リピーティング（音声で繰り返す）

覚えるべき短文をICレコーダーに録音し，その直後にポーズ（無音声）を置き，そのポーズの間に短文を復唱します。自分が覚えているかどうかの「メタ認知」を得やすい利点があります。

• リスニング（聞く）

記憶したい事項について，自分でICレコーダーに録音したものを聞きます。疲れたときに歩きながら，就寝前に，通勤途中の満員電車で等，時と場所を選ばないことが非常に便利です。

• ライティング（書く）

適性にもよりますが音読等と並行可能です。また，ダレてきたときの気分転換にもなります。ただし，効率は低いのでこれをメインに持ってくることはお勧めしません。音読等になじまない数式や公式等の記憶には積極的に利用しましょう。

2秒ルール

音読については，学習に取り入れることで大きく2つの利点があります。

1つは，学習に適した心身の状態，そのなかでも特に脳を活性化することで，レディネス（心身の学習への準備が整った状態）に導くことです（コラム⑨の音読10分の1ルール参照）。

もう1つは，音読を繰り返すことによる記憶事項のインテイク（内在化）です。これについては語学学習の研究を中心に有用性が確認されていますが，語学に限らず一般の学習にも応用可能であることは間違いありません。

そして，認知心理学の見地からは音声で記憶する場合，その長さが記憶にとって決定的に重要であり，認知心理学の実験において，その長さは2秒以内であることがポイントであると解明されています。したがって，短文を記憶する場合には，2秒以内で発声することが可能な量にすることが効果的です。

過去問題等の学習をする場合，「正解肢の音読」や「不正解肢の解説の音読」を行うことによりテスティングポイントの記憶を行う方法があります。その場合，そのまま音読をするのではなく，ポイントを絞って2秒以内に発声できる量に短縮したうえで行うと非常に効果的になります。したがって，記憶目的の音読ではゆっくり発声するよりも，明瞭な発音を守ったうえで早口かつ大きな声で行うことが効果的です。

中小企業診断士1次試験での学習において，このルールを応用する例を以下に示します。

「特許権の共有者は，契約で別段の定めをしていない場合には他の共有者と共にでなくとも，単独で，特許発明の実施をすることができる。」（平成24年度「経営法務」第8問）

例えば上の正解肢は，

「特許権の共有者は，単独で，特許発明の実施ができる。」

として音読したほうが効果的です。また，単純に同じ時間内であれば多く復習できる利点もあります。

第7章

投資決定

■記憶ポイントと基礎知識

• 基本的考え方と手法

どのような業種であれ，経営を行ううえで新工場の建設やプロジェクトの実行等の新規投資についての可否を判断することが必要なときがあります。そのときに使用するメソッドを学習します。まず，貨幣の時間価値を考慮するDCF法の代表的手法として，NPV法（正味現在価値法）とIRR法（内部利益率法）が，時間価値を考慮しない手法に会計的投資利益率法と回収期間法があります。試験対策上はこの4つの方法についての理解が必要となります。ただし，時間価値を考慮しない方法の理解はそれほど困難ではありませんので，本書ではNPV法とIRR法に絞って解説します。

まずは，DCF法の代表的手法であり，頻出のNPV法から解説しましょう。

• NPV法

WACCやCAPMの解説のところでも述べましたが，貨幣は投資することでたとえリスクがゼロでも増加します。例えば，利回り10%の国債に1,000万円を投資すれば1年後には1,100万円になります。つまり1年後の1,100万円と現在の1,000万円の価値は同等といえます。さらに2年後には1,000 × 1.1 × 1.1 = 1,210になりますので，2年後の1,210万円と現在の1,000万円の価値は同等になります。

図表で見てみましょう。**図表1**は初期投資額が500万円で，1年目に100万円，2年目に200万円，3年目に300万円のキャッシュインが見込めるプロジェクトについて，割引率10%の場合のNPV（正味現在価値）を示しています。3年後の300万円を現在価値の225万円に換算することを「割引く」といいます。

投資支出と将来の収入の現在価値を比較し，現在価値のほうが大きければ投資するのがNPV法の基本的な考え方です。図表1では投資支出が500万円，将来の収入の合計が約482万円であるので，投資を行わない判断の基本になります。

• IRR法

では，もう1つのIRR法の説明に移りましょう。

IRR法の定義である「NPVがゼロになる割引率」とは，どのような意味をもつのでしょ

（図表1）

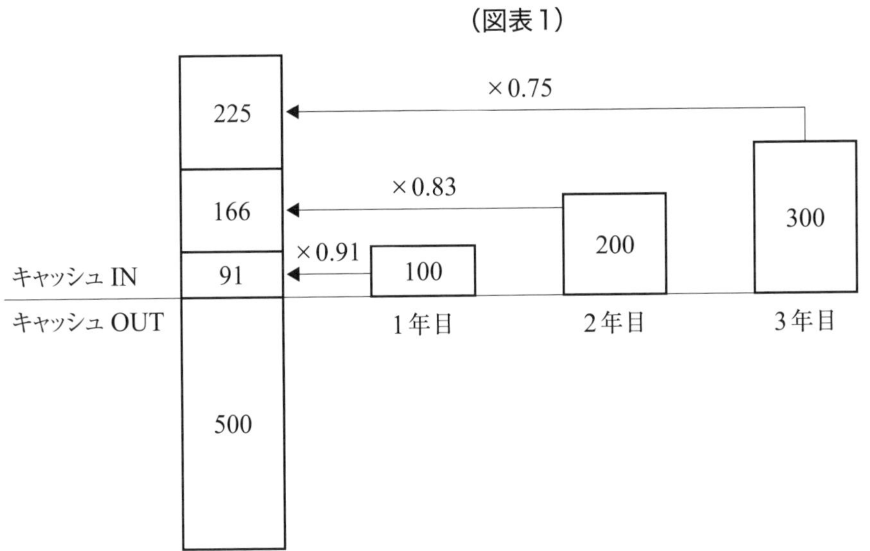

うか？ 通常，試験問題では割引率にWACCを使うことが多いですが，ここでは理解をしやすくするために資本金1円の株式会社，純資産が無視できるぐらいに比率が少なく全額を負債（借入金）で運営している企業を想定しましょう。

この場合，NPVの式で分母に出てくる割引率は**「負債の利子率」**を表しますが，これが**上昇すると，分母が大きくなるので，NPVは小さくなります。**くどいようですが，負債の利子率が大きくなるということは，**利払い（社外流出）が増える⇒企業に残る利益が減る⇒NPVが減少する**。という因果です。

ここで，あるプロジェクトを**負債の利子率10%で割り引いて，NPVがプラス**となった場合を考えましょう。

この割引率を10%からさらに引き上げていけば分母が徐々に大きくなるので，絶対値のNPVは減少し，いずれNPV＝0になります。このときの利子率（例えば15%）がIRRとなります。**値は通常，当初の利子率である10%よりも大きい値になる**はずです。

したがって，NPV＞0ということと，IRR＞利子率ということは，ほぼ同じことを意味しています。**NPV＝0**とは，**当該プロジェクトのキャッシュインとちょうど同額が必要元利払い**に充てられる（キャッシュアウト）ため，**手元に残るキャッシュはゼロ**であり，ゼロを割り引いてもNPVは0になります。プラスマイナス0の状況を考え予想と比較するという意味では，損益分岐点分析と共通する考え方ともいえます。

簡単な例として，初期投資100万円，1年後に105万円得られるプロジェクトを想定し，初期投資を全額年利率5%の借入金で賄う場合のNPVを計算します。

$$NPV = -100 + 105/(1 + 0.05) = 0$$

となるので，IRR = 5%です。

これは，「100万円を1年間投資して1年後のリターンが105万円である場合の利回りは5%です」というのと同じです。もし，利子率5%で資金を借り入れて投資をした場合には元利払い＝収入ですので，NPVがゼロになります。

ちなみに，もし負債の利子率が3%であれば，

$$NPV = -100 + 105/(1 + 0.03) = 1.94$$

で，NPV＞0でありプラス，IRR＞利子率3%となっています。

したがって，非常に大雑把な言い方をすれば，**IRRはプロジェクトの収入とそれに関する負債の元利払いがトントンのプロジェクトの利益率**と表現できます。上の設例では，プロジェクトのIRR5%＞利子率3%であり，調達金利3%のほうがプロジェクトのIRR5%より低い分，その差が利益となります，よって，設備投資を行っても事業の成功が予想されるため，IRRの観点からは投資可と判断できます。

IRR法がNPV法より優れている点に，割引率が不要である点があります。試験では当然のように割引率が与えられますが，実務ではこの割引率の正確な値を求めることが困難であることがあります。そのようなときにIRR法が有用です。

• 年金現価係数と複利現価係数

将来のキャッシュインを現在価値に割り戻す際に使用するため，問題文中に複利現価係数表と年金現価係数表が与えられることが多くなっています。1年度からある年度までの**毎年のキャッシュインが同じ場合には年金現価係数**が，**異なる場合については複利現価係数**が使用されます。

例として，割引率5%のときの複利現価係数，年金現価係数は下記のようになります。

	1年	2年	3年	4年	5年
複利現価係数	0.9524	0.9070	0.8638	0.8227	0.7835
年金現価係数	0.9524	1.8594	2.7232	3.5460	4.3295

5年間にわたり毎年1,000万円の収入があるプロジェクトの場合には，毎年のキャッシュインが同額なので年金現価係数を使用し，1,000 × 4.3295（5年）= 4,329.5なので，現在価値は4,329.5万円。

1年目に1,000万円，2年目に2,000万円の収入があるプロジェクトの場合には，複利現価係数を使用し，(1,000 × 0.9524（1年目））+（2,000 × 0.9070（2年目））= 2,766.4なので，現在価値は2,766.4万円となります。

☞2次試験に向けて

2次試験ではNPV法が頻出であり，時間価値を考慮しない方法の出題も何回かあります。IRR法は1次試験では頻出ですが，2次試験の出題は今のところありません。

1次試験の「財務・会計」と2次試験の事例Ⅳでは同じ分野の出題でも難易度に差がありますが，それが顕著に表れるのがこのNPVがらみの問題です。

1次試験のNPVの問題は簡単なうえに，解き方を工夫すれば非常に早く解けるのが特徴です。しかし，2次試験のNPVの問題はその多くが難問であり，小数点の位まで正確に数値を求める必要があり時間もかかります。

■1次試験問題の特徴

NPV・IRR等のメソッドの基本的理解とメソッドを使用した計算問題が，ほぼ毎年出題されます。解答が困難な問題は少ないので，財務分析等と同様に確実に得点することが必要です。計算問題は一見面倒そうですが，本質を理解したうえでのテクニックを使った解答ができると時間を節約できます。特に近似値の使用が有効です。

過去問題演習①

〈平成27年度　第16問〉

解答・解説はp.154, 156

次の文章を読んで，下記の設問に答えよ。

D社は，4つの投資案（①～④）の採否について検討している。同社では，投資案の採否を正味現在価値法（NPV法）に基づいて判断している。いずれの投資案も，経済命数は3年である。

4つの投資案の初期投資額および第1期末から第3期末に生じるキャッシュフローは，以下の表のとおり予測されている。初期投資は第1期首に行われる。なお，法人税は存在せず，割引率は8%とする。

（単位：百万円）

	キャッシュフロー				NPV
	初期投資	第1期	第2期	第3期	
投資案①	－120	50	60	70	33
投資案②	－120	70	60	50	A
投資案③	－160	80	80	80	B
投資案④	－120	40	40	40	C

（設問1）

投資案②のNPV（空欄A）および投資案③のNPV（空欄B）にあてはまる金額の組み合わせとして，最も適切なものを下記の解答群から選べ。なお，NPVの計算にあたっては，以下の表を用いること。

割引率8%の場合の複利現価係数および年金現価係数

	1年	2年	3年
複利現価係数	0.93	0.86	0.79
年金現価係数	0.93	1.78	2.58

[解答群]

ア　A：22百万円　　B：30百万円
イ　A：33百万円　　B：30百万円
ウ　A：33百万円　　B：46百万円
エ　A：36百万円　　B：30百万円
オ　A：36百万円　　B：46百万円

（設問2）

4つの投資案は相互に独立しており，D社は複数の投資案を採択することが可能である。しかし，資金の制約があり，初期投資額の上限は380百万円である。このとき，採択すべき投資案の組み合わせとして最も適切なものはどれか。

なお，D社は他の投資案を有しておらず，380百万円のうち初期投資に使用されなかった残額から追加のキャッシュフローは生じない。

ア　投資案①，投資案②，および投資案③

イ　投資案①，投資案②，および投資案④

ウ　投資案②および投資案③

エ　投資案②および投資案④

オ　投資案③および投資案④

過去問題演習②

〈平成24年度　第18問〉 解答・解説はp.158

Y社では4つの投資案について採否を検討している。投資案はいずれも初期投資額として2,500万円を必要とし，投資プロジェクトの耐用年数は5年である。また，Y社の資本コストは8%であり，プロジェクト期間中に追加の資金は必要としない。4つの投資案の判定基準となるべきデータは以下のとおりである。Y社の投資可能な資金が5,000万円に制限されているとき，企業価値増大の観点からY社が採択すべき投資案の組み合わせとして最も適切なものを下記の解答群から選べ。

投資案	甲	乙	丙	丁
NPV　（万円）	280	300	180	－25
IRR　（%）	9	11	10	6
回収期間　（年）	3	4	2	2

［解答群］

ア　甲と乙

イ　甲と丙

ウ　乙と丙

エ　丙と丁

過去問題演習③

〈平成28年度　第17問〉

解答・解説はp.160

現在，3つのプロジェクト（プロジェクト①～プロジェクト③）の採否について検討している。各プロジェクトの初期投資額，第1期末から第3期末に生じるキャッシュフロー，および内部収益率（IRR）は以下の表のとおり予測されている。いずれのプロジェクトも，経済命数は3年である。初期投資は第1期首に行われる。なお，法人税は存在しないと仮定する。

（金額の単位は百万円）

	キャッシュフロー				IRR
	初期投資	第1期	第2期	第3期	
プロジェクト①	－500	120	200	280	8.5%
プロジェクト②	－500	200	200	200	（　）%
プロジェクト③	－500	300	200	60	7.6%

内部収益率法を用いた場合のプロジェクトの順序づけとして，最も適切なものを下記の解答群から選べ。たとえば，プロジェクト①＞プロジェクト②は，プロジェクト①の優先順位が高いことを示す。なお，内部収益率の計算にあたっては，以下の表を用いること。

経済命数が３年の場合の複利現価係数および年金現価係数

	6%	7%	8%	9%	10%	11%
複利現価係数	0.840	0.816	0.794	0.772	0.751	0.731
年金現価係数	2.673	2.624	2.577	2.531	2.487	2.444

［解答群］

ア　プロジェクト①＞プロジェクト②＞プロジェクト③

イ　プロジェクト①＞プロジェクト③＞プロジェクト②

ウ　プロジェクト②＞プロジェクト①＞プロジェクト③

エ　プロジェクト②＞プロジェクト③＞プロジェクト①

オ　プロジェクト③＞プロジェクト①＞プロジェクト②

過去問題演習①　解答・解説（設問1）

〈平成27年度　第16問〉

次の文章を読んで，下記の設問に答えよ。

D社は，4つの投資案（①～④）の採否について検討している。同社では，投資案の採否を正味現在価値法（NPV法）に基づいて判断している。いずれの投資案も，経済命数は3年である。

4つの投資案の初期投資額および第1期末から第3期末に生じるキャッシュフローは，以下の表のとおり予測されている。初期投資は第1期首に行われる。なお，法人税は存在せず，割引率は8%とする。

（単位：百万円）

	キャッシュフロー				NPV
	初期投資	第1期	第2期	第3期	
投資案①	−120	50	60	70	33
投資案②	−120	70	60	50	A
投資案③	−160	80	80	80	B
投資案④	−120	40	40	40	C

（設問1）

投資案②のNPV（空欄A）および投資案③のNPV（空欄B）にあてはまる金額の組み合わせとして，最も適切なものを下記の解答群から選べ。なお，NPVの計算にあたっては，以下の表を用いること。

A　63↑　51　40＝154↑
−120

割引率8%の場合の複利現価係数および年金現価係数

	1年	2年	3年
複利現価係数	0.93	0.86 5	0.79 8
年金現価係数	0.93	1.78	2.58

2.5×80＝200↑
−160

（速算）近似値の利用

［解答群］

ア　A　22百万円　　B　30百万円

イ　A　33百万円　　B　30百万円

ウ　A　33百万円　　B　46百万円

エ　A　36百万円　　B　30百万円

オ　A　36百万円　　B　46百万円

■解答へのステップ

投資案②③のNPVが求められています。投資案③については，毎年同じ額のキャッシュインであるため年金現価係数を，投資案②については，年度ごとのキャッシュインが異なるため複利現価係数を利用します。

■解答フロー

❶ まず選択肢を見ると，解答の数値に開きがあるため近似値が使えそうです。

❷ **（速算）** 投資案③のBについて，年金現価係数3年の2.58を2.5にして計算すると200↑（上向きの矢印はその数よりも大きいことを示します）より，200↑－160（初期投資）＝40↑となり選択肢ウかオ。

❸ **（速算）** 投資案②のAについて，複利現価係数の1年0.93は0.9に，2年0.86は0.85に，3年0.79は0.8にそれぞれ変換して計算します。

❹ **（速算）** 1年は63（70×0.9）↑，2年は51（60×0.85），3年は40（50×0.8）となり，足すと154↑となります。

初期投資の120を引くと34↑となり，正解がオと判明します。

※別解

投資案①と②は，割引前のCFが180で同額です。①より2のほうが直近のCFが大きいので，現在価値は，②＞①＝33

選択肢を見ると，②のNPVであるAが33より大きいのはエかオに絞られます。その後，Bを計算するとオになります。

過去問題演習① 解答・解説（設問2）

〈平成27年度　第16問〉

次の文章を読んで，下記の設問に答えよ。

D社は，4つの投資案（①〜④）の採否について検討している。同社では，投資案の採否を正味現在価値法（NPV法）に基づいて判断している。いずれの投資案も，経済命数は3年である。

4つの投資案の初期投資額および第1期末から第3期末に生じるキャッシュフローは，以下の表のとおり予測されている。初期投資は第1期首に行われる。なお，法人税は存在せず，割引率は8%とする。

（単位：百万円）

	キャッシュフロー				NPV
	初期投資	第1期	第2期	第3期	
投資案①	−120	50	60	70	33
投資案②	−120	70	60	50	A　36
投資案③	−160	80	80	80	B　46
投資案④	−120	40	40	40	C

120

（設問2）

4つの投資案は相互に独立しており，D社は複数の投資案を採択することが可能である。しかし，資金の制約があり，初期投資額の上限は380百万円である。このとき，採択すべき投資案の組み合わせとして最も適切なものはどれか。

なお，D社は他の投資案を有しておらず，380百万円のうち初期投資に使用されなかった残額から追加のキャッシュフローは生じない。

ア　投資案①，投資案②，および投資案③

イ　投資案①，投資案②，および投資案④

ウ　投資案②および投資案③

エ　投資案②および投資案④

オ　投資案③および投資案④

■解答へのステップ

資金の制約があるなかでの投資案の選択問題です。本問は独立投資案ですので，複数の選択が可能となります。ただし，本問では資金の制約があるため，すべてを実行することはできませんので，資金制約の範囲内においてNPVが最大になるように投資案を選択します。

■解答フロー

❶ 初期投資額380百万円の制約のなかで最適な投資案の選択を行う必要があります。

❷ 投資案①②③を選択すると合計400百万円となり，380百万円の制約に抵触します。

❸ 投資案④を見ると初期投資が120百万円であるのに対し，割引前の3年分のキャッシュインの合計が同額の120百万円と暗算でわかります。

❹ 割引後の120百万円は必ず120百万円を下回るため，投資案④はNPVがマイナスになるので選択されません。

❺ 以上より，投資案①②③のうち，NPV上位の投資案②③を選択することになります。

よって，正解はウとなります。

過去問題演習②　解答・解説

〈平成24年度　第18問〉

Y社では4つの投資案について採否を検討している。投資案はいずれも初期投資額として2,500万円を必要とし，投資プロジェクトの耐用年数は5年である。また，Y社の資本コストは8%であり，プロジェクト期間中に追加の資金は必要としない。4つの投資案の判定基準となるべきデータは以下のとおりである。Y社の投資可能な資金が5,000万円に制限されているとき，企業価値増大の観点からY社が採択すべき投資案の組み合わせとして最も適切なものを下記の解答群から選べ。

投資案	甲	乙	丙	丁
NPV　（万円）	280	300	180	－25
IRR　（%）	9	11	10	6
回収期間　（年）	3	4	2	2

［解答群］

ア　甲と乙

イ　甲と丙

ウ　乙と丙

エ　丙と丁

■解答へのステップ

企業価値増大のための投資案の採択の問題です。

その際の優先順位とNPVとIRRの関係についての理解を問われています。**企業価値増大の場合にはNPVが大きいものを優先**することになります。

■解答フロー

❶ すべての投資案の初期投資額は2,500万円であり，Y社の投資可能な資金が5,000万円であることから，2つの投資案しか選択できないことがわかります。

❷ 企業価値増大のためには「率であるIRR」よりも「絶対額であるNPV」が大きい投資案を選択することが基本となります。

❸ 例えば，IRRが良くNPVが100万円のプロジェクトよりも，IRRは悪くてもNPVが1,000万円のプロジェクトのほうが企業価値増大のためには有効です。

❹ まず表中では，投資案乙がNPV，IRRともにトップであり，文句なく選択されます。

❺ 次に良い投資案はIRRでは丙案，NPVでは甲案であり，原則に従いNPVが上位である甲案が選択されます。

よって，正解はアとなります。

過去問題演習③　解答・解説

〈平成28年度　第17問〉

現在，3つのプロジェクト（プロジェクト①～プロジェクト③）の採否について検討している。各プロジェクトの初期投資額，第1期末から第3期末に生じるキャッシュフロー，および内部収益率（IRR）は以下の表のとおり予測されている。いずれのプロジェクトも，経済命数は3年である。初期投資は第1期首に行われる。なお，法人税は存在しないと仮定する。

（金額の単位は百万円）

同じ	キャッシュフロー				IRR	CI
	初期投資	第1期	第2期	第3期		
プロジェクト①	－500	120	200	280	8.5%	600
プロジェクト②	－500	200	200	200	（　）%	600
プロジェクト③	－500	300	200	60	7.6%	560

内部収益率法を用いた場合のプロジェクトの順序づけとして，最も適切なものを下記の解答群から選べ。たとえば，プロジェクト①＞プロジェクト②は，プロジェクト①の優先順位が高いことを示す。なお，内部収益率の計算にあたっては，以下の表を用いること。

経済命数が３年の場合の複利現価係数および年金現価係数

	6%	7%	8%	9%	10%	11%
複利現価係数	0.840	0.816	0.794	0.772	0.751	0.731
年金現価係数	2.673	2.624	2.577	2.531	2.487	2.444

［解答群］

ア　プロジェクト①＞プロジェクト②＞プロジェクト③

イ　プロジェクト①＞プロジェクト③＞プロジェクト②

ウ　プロジェクト②＞プロジェクト①＞プロジェクト③

エ　プロジェクト②＞プロジェクト③＞プロジェクト①

オ　プロジェクト③＞プロジェクト①＞プロジェクト②

■解答へのステップ

NPVやIRRに関する問題では理論的な理解ができていれば，律儀に数字を計算しないでよい問題が多くあり，本問もその典型例です。

■解答フロー

❶ プロジェクト②のIRRは不明ですが，他のプロジェクトとキャッシュフローの比較は資料より可能です。また，初期投資はすべてのプロジェクトにおいて－500と同じですので，考慮は不要です。

❷ 時間価値を考慮しないキャッシュインを計算すると，プロジェクト①および②が600，プロジェクト③が560となります。

❸ そのうえでプロジェクト①と②を比較すると，プロジェクト①のキャッシュインのほうが第3期（後ろ）が280，第1期が120と，プロジェクト②より後半のキャッシュインの比重が多くなっています。

❹ 時間価値を考慮しないキャッシュインの総量が同じで後半の比重が多いということは，**NPVも小さくなるためIRRも低く**なります。

❺ プロジェクト①と②の比較ではプロジェクト②が優先されます。①と③については，資料に①IRR8.5%と③IRR7.6%が与えられており，①が優先します。

よって，正解はウとなります。

ポイントレッスン②

NPV理解の最重要ポイント

NPV法そのものは比較的身近でイメージしやすいため，その考え方そのものを理解できない受験生はそれほど多くないものと思われます。NPVの問題の間違いについては大きく，①計算方法等の理解はできているが途中でミスをしたために正解にたどり着かないパターンと，②以下に述べる「割引前の税金の処理」の理解が甘いため，計算式そのものが間違っているパターンの2つがあります。

①については本書では取り上げませんが，KECではCVP同様「NPVのFB」を使い，ミスの防止を目指しています。②については，以下で解説するところを理解してください。

NPVと税金の関係

財務・会計を苦手とする多くの受験生が理解できていない急所が，**「割引く前の将来の収入等の項目と税金の関係」**です。

ここの基本をしっかり理解すれば，2次試験もそれほど怖くはありません。

将来の収入等と税金の関係には3つのパターンが存在します。すなわち，

① 現実に現金の出入りがあっても，それが利益・損失に無関係の場合**「そのままの数字で割引く」**

② 現実に現金の収入・支出がある場合の利益・損失については**「×(1－実効税率)」**で割引く

③ 現金の収入・支出がない利益・損失については**「×実効税率」**で割引く

以上について，簡単な設例を考えてみます。

①「そのままの数字で割引く」

まず①のパターンですが，法人税は企業の税引前当期純利益に対して課税されますから，そもそもPLに無関係なキャッシュの動きがいくらあろうと関係ありません。つまり，簿価2,000万円の土地を2,000万円で売却してもそこに法人税はかかりません。それは，単にBS内部での属性の変更に過ぎない，つまり土地という資産が現金という資産に変わっただけ（現金の増加，土地の減少）だからです。ですから，その実際の収入金額に手を加えずそのまま割引きます。

「そもそもBSに関わる処理に法人税は関係ない」

②「×(1－実効税率)」で割引く

②は，例えば投資したプロジェクトの収入2,000万円，支出1,000万円で差し引き1,000万円の利益が出た場合（実効税率40％）には1,000万円の40％（400万円）が法人税として国

家に納税され手元に残りませんから，納税後の金額600万円，すなわち「×(1－実効税率)」を割引くことになります。

現金収入（収益）	2,000
現金支出（費用）	1,000
	1,000
－法人税	400
	600

③「×実効税率」で割引く

では，③BS上の簿価2,000万円の土地を1,000万円で売却した場合を考えてみましょう。土地売却損が1,000万円計上されますので，BSとともにPLも動きます。

極端な例として，他の取引が一切なかったものとして，この土地売却がなかった場合には他の取引で，通常では1,000万円利益が出ている例（実効税率40％）と比較してみましょう。

くり返しになりますが，通常の1,000万円の利益が出ている場合には税引後利益は1,000万の40％を税金で差し引かれた後，600万円のキャッシュが残ります（上図参照)。

これに対して，売却損が出た場合は1,000万円の利益と1,000万円の損失が相殺され，利益は0になりますので，法人税もゼロとなり1,000万円のキャッシュが残ります。

この売却損が出た場合の1,000万円と出なかった場合の600万円の差額400万円が節約されたキャッシュフローであり，本来の売却損のない場合より売却損×実効税率分のキャッシュが増加しているのでその分，すなわち節税分の「×実効税率」を割引きます（下図参照)。

（売却損がない場合）

現金収入（収益）	2,000
現金支出（費用）	1,000
	1,000
－法人税	400
	600

➡

（売却損がある場合）

現金収入（収益）	2,000
現金支出（費用）	1,000
売却損（非現金支出費用）	1,000
	0
－法人税	0
	0

※しかし現金は1,000残る

以上の3パターンの理解は極めて大切であり，ここの理解があやふやだと特に2次試験での正解は極めて困難になります。よく復習しておいてください。

第8章

R&R（リスク＆リターン）

■記憶ポイントと基礎知識

•投資判断のための統計学的指標

ここでR&R（リスク＆リターン）として，「期待値」「分散」「標準偏差」「共分散」「相関係数」等の主として投資判断のための統計学的指標についての基礎的な問題を扱います。NPV等も投資についての意思決定という領域では同じですが，NPVは個々の独立したプロジェクト同士に対する比較であるのに対し，R&Rでは3つなら3つのプロジェクト全体を考えるという違いがあります。深入りすると大変な分野ですが，過去の問題では難問は少なく（時間がかかる問題はあります），用語の基礎的な理解と基本的な計算ができれば確実に得点できる分野ですのでがんばりましょう。

では，次に基本となる概念（用語）について説明していきます。

まず，この分野のなかで極めて重要かつ応用分野の理解の基礎ともなる**「期待値」「分散」「標準偏差」「共分散」「相関係数」**の5つの重要用語についてやや詳細に解説します。投資判断の領域の問題同様，一見計算問題のようですが，用語を理解していれば計算なしに解くことが可能であったり，計算を簡略化することができる問題も多くなっています。

•期待値

まず，基本中の基本である「期待値」です。複数の状況変化がある場合を考えましょう。例えば，好不況の確率はそれぞれ50%であるとして，プロジェクトAは，①好況の場合は2,000万円の利益，②不況の場合は1,000万円の利益，③そのときの期待値は(2,000 × 0.5) + (1,000 × 0.5）と確率により按分し1,500万円になります。

次に，①好況の場合には4,500万円の利益，②不況の場合には1,500万円の損失が予想されるプロジェクトBはどうでしょうか？（4,500 × 0.5) + (− 1,500 × 0.5）ですので，同じく期待値は1,500万円になります。

2つのプロジェクトは同じ価値でしょうか？ 個人の判断ならばその人の性格（嗜好）によりリスク回避傾向の人はプロジェクトAを，リスク愛好傾向の人はBを選考することになるでしょう。要は期待値ではリスクについての情報がわかりません。そこで次の分散が必要になります。

• **分散**

分散は，期待値を比べただけではわからない**「バラツキの度合い・ブレの大小」**を示すものです。前述のように，期待値（平均値）が同じだからといって，「バラツキの度合い・ブレの大小」が同じとは限らないことが重要です。そして，ファイナンスの世界では「バラツキの度合い・ブレ」が大きいことを**「リスクが大きい」**と判断します。

ここで例として，サイコロ【甲】とサイコロ【乙】の期待値を考えてみましょう。

正常な普通のサイコロ【甲】と，「3つの面に3，残りの3つの面に4，が書かれたサイコロ」【乙】があるとします。

1回投げたときに出る目「甲」の確率分布は，次のようになります。

【甲】の出目の確率分布

出目	1	2	3	4	5	6
確率	$\frac{1}{6}$	$\frac{1}{6}$	$\frac{1}{6}$	$\frac{1}{6}$	$\frac{1}{6}$	$\frac{1}{6}$

出た目の数に×10億円の利益が出る事業と仮定して,「甲」の場合の期待値を求めると,以下のようになります。

状況	収益額	×確率	＝期待収益		期待値
A	10	$\frac{1}{6}$	$\frac{10}{6}$	+	$\frac{210}{6}$ = 35
B	20	$\frac{1}{6}$	$\frac{20}{6}$		
C	30	$\frac{1}{6}$	$\frac{30}{6}$		
D	40	$\frac{1}{6}$	$\frac{40}{6}$		
E	50	$\frac{1}{6}$	$\frac{50}{6}$		
F	60	$\frac{1}{6}$	$\frac{60}{6}$		

計算すると期待値は35億円と計算されます。

同じく「乙」についても，同じように考えてみましょう。
1回投げたときに出る「乙」の目の確率分布は，次のようになります。

【乙】の出目の確率分布

出目	1	2	3	4	5	6
確率	0	0	$\frac{3}{6}$	$\frac{3}{6}$	0	0

同じく，出た目の数×10億円の利益が出る事業と仮定して，「乙」の場合の期待値を求めると，以下のようになります。

状況	収益率	×確率	＝期待収益		期待値
A	30	$\frac{1}{2}$	15	＋	35
B	40	$\frac{1}{2}$	20		

期待値は「甲」と同じく35億円となります。

それぞれの「出る目の期待値（平均値）」を計算すると，【甲】の期待値は35億円になります。同じく【乙】を計算しても，やはり期待値は35億円になります。
では，「甲」と「乙」について，分散を計算してみましょう。
分散の計算式は，まず「乙」の場合については以下のボックスに数値を当てはめると，

収益額	－期待値	＝偏差	2乗	×確率		分散
30	35	－5	25	$\frac{1}{2}$	＋	25
40	35	5	25	$\frac{1}{2}$		

となり，分散は25となります。
ちなみに，標準偏差は右のように計算されます。標準偏差$\sqrt{25}=5$

次に，「甲」の場合を同じように計算します。

収益率	－期待値	＝偏差	2乗	×確率		分散
10	35	− 25	625	$\frac{1}{6}$		
20	35	− 15	225	$\frac{1}{6}$		
30	35	− 5	25	$\frac{1}{6}$	+	$\frac{875}{6}$ = 146
40	35	+ 5	25	$\frac{1}{6}$		
50	35	+ 15	225	$\frac{1}{6}$		
60	35	+ 25	625	$\frac{1}{6}$		

となり，分散は約146となります。

つまり，【甲】，【乙】を事業として仮定し，35億円をリターンとした場合，「リスクは同じではない」ことを表しています。このような，期待値だけでは測れない「差」≒リスクを測る量として，分散が使われます。

• 標準偏差

また，分散の値の正の平方根を，「標準偏差」と呼びます。ですから，「分散」と「標準偏差」は実は同じもので，表現方法が違うだけともいえます。

では，なぜ分散とは別に，わざわざ「標準偏差」という表現をするのでしょうか。それにはもちろん理由があります。

なぜなら，分散の定義（計算過程）でマイナスを消去するため「2乗」を用いました。そのため，**分散として求められる数値は，元の単位とは「異なる単位」**の数になります。

例えば，単位が「m」（メートル・長さの単位）だとイメージすると，分散の単位は「m^2」（平方メートル・面積の単位）になってしまいます。

そこで，分散の平方根をとって，X の単位と一致させたと考えてください。上の「甲」と「乙」で見てみると，分散では「甲」146と「乙」25ですが，標準偏差では「甲」約12と「乙」5になります。

直感的にも，どちらが正確に比較できるかはわかっていただけるのではないでしょうか。

つまり，標準偏差はバラツキを比較するための**「同じ目盛の定規」**といえます。上記の例でいえば，【乙】の分散の値が【甲】よりも小さくなっています。

このことは「【乙】のサイコロのほうが出る目にバラツキがない」という直感的に理解可能な結果と一致しています。以下のR&R（期待値と分散）のFBを確実に理解・記憶して使えるようにしてください。試験対策としてはそれで十分です。

・期待値のボックス

状況	収益額	×確率	=期待収益		期待値
				+	

・分散のボックス

収益額	−期待値	=偏差	2乗	×確率		分散
					+	

※標準偏差を求める問題が出題された場合には分散の平方根をとる必要があります。しかし，手計算では正確な計算は困難ですので，過去の出題を検討すると，近似値か計算の必要のない問題になっています。

・共分散

次に，共分散について説明します。誤解を招きやすい言葉に前述の「分散」があります。「分散」は，一定数の「データ間のバラツキ」≒「リスクの大小」を調べるための道具でした。それに対して**「共分散」は，データ間相互の「関係」**を調べる道具です。同じ分散という文字を使いますが，内容は全然違うので注意してください。

ここでは，2つのデータ間の関係について簡単な例を考えましょう。まず，2つのデータ間には大きく以下の3つの関係が考えられます。

① データAが増加（減少）すると，データBも増加（減少）する傾向にある。

② データAが増加（減少）すると，データBは反対に減少（増加）する傾向にある。

③ データAの増加とデータBの間に関係はない。

以下では，2つのデータ間の関係を相関関係と呼びます。もちろん，①②の連動性には強弱の程度があります。

①の例では，人間の身長と体重の関係がイメージしやすいのではないでしょうか。平均値より身長が高い人の体重は平均値よりも重くなるでしょうか？ 100人分の身長と体重のデータを分析すれば，身長の高い人ほど体重も重くなる傾向が一般的に強く見られるのは直感的に理解できると思います。片方がプラスになれば一方もプラスになることから，①のパターンは**「正の相関」**と呼びます。

では，ビジネスの世界ではどうでしょうか。例としては，広告費の増額と売上高との関係がイメージしやすいでしょう。通常は広告費を増額すると，その額に応じて売上高も増加します。ただし，広告の種類やタイミング・商品の特性等によってその相関の程度は異なります。そこで，これを分析し，最も売上増加に貢献する広告に優先的に資金を配分しようとするようなときに，共分散や後述の相関係数を使った分析が使われます。

②については，一般的な商品の価格の変化と売上高の関係がイメージしやすいでしょう。通常の商品の場合，価格が平均値よりプラス（値上げ）になると商品の売上高はマイナスの影響を受け，逆にマイナス（値下げ）の場合には売上高はプラスになる傾向が強くなります。むろん，ミクロ経済学やマーケティングで学習したように商品の持つ特性によりその連動性（相関関係）の強弱は異なりますが，通常は何らかの形で影響を受けます。①に対して②の関係性を**「負の相関」**と呼びます。

③について，世の中に存在するデータの多くは③の無関係です。例）牛肉の消費量の増加と文房具の消費量の関係等。

• 相関係数

共分散には，分散と似た欠点が存在します。分散の計算式からわかるように，データ数の増加に従い，絶対値が大きくなり使いにくくなります。そこで「分散」の数値について平方根をとり「標準偏差」に変換したことと同様に，「共分散」は「相関係数」に変換します。

上述の①の場合は，データＡ（身長）がプラスになるときにはデータＢ（体重）もプラスになるので，プラス×プラス＝プラス（マイナスの場合も，マイナス×マイナス＝プラス）となり，相関係数は「0超～1」。なお，「1の場合は完全な正の相関」（まったく同じ動き）となります。

②の場合は，データＡ（価格）がプラスになるときにはデータＢ（売上高）はマイナスになるので，プラス×マイナス＝マイナスとなり，相関係数は「0未満～－1」の数値になり，「－1の場合は完全な負の相関」（まったく逆の動き）となります。

③の場合は，「0」となります。

リスクヘッジが目的の場合には，両者の相関係数が－１にできるだけ近いほうが効果が高くなります。当然ですが，相関係数が正の場合にはリスクヘッジの効果は弱くなります。

ここでは，共分散や相関係数の計算については取り上げません。計算まで確実に修得するための時間と，過去の出題にも実際の数値まで計算させる問題は数問しか出ていない事実を比較考慮すると，深入りすることは得策でないと判断します。この分野に興味のある方は教科書や参考書等でしっかり学習してください。

☞2次試験に向けて

平成23年度には，将来の収入予想がR&Dによって変わる場合の期待値等について出題がありました。偏差値等の数値が求められる問題は今のところ出題がありません。しかし，分散までは自力で計算できるようにしておきましょう。分散まで計算できれば，2次試験では電卓が使用可能ですので√を押せば標準偏差が求められます。

■1次試験問題の特徴

ほぼ例年出題があり，4～12点くらいの配点があります。難易度は他のファイナンスの問題に比べると難しく，時間のかかる問題が多い傾向にあります。しかし，基本用語の意味を理解したうえで，ボックスが活用できればかなりの確率で得点できますので，多少時間がかかったとしてもボックスで取れる問題は確実に得点したい領域です。

先にも述べましたが，R&Rに関しては深入りすると非常に奥の深い分野であり，このボックスでの処理を超える難しい問題が出題された場合には，専門家か特別に時間をかけている受験生にしか正解できない可能性が高まります。ボックスと基本用語の意味について理解したうえで，取れる問題は確実に取りにいきましょう。

過去問題演習①

〈平成24年度　第19問〉

解答・解説はp.173

Z社は現在，余剰資金の全額を期待収益率8％，標準偏差6％の投資信託で運用している。Z社では余剰資金の運用方針を変更し，余剰資金の全額を，2％の収益率をもつ安全資産と上記投資信託に等額投資する運用を考えている。変更後の期待収益率と標準偏差の組み合わせとして最も適切なものはどれか。

ア　期待収益率　5％　標準偏差　3％

イ　期待収益率　5％　標準偏差　6％

ウ　期待収益率　6％　標準偏差　6％

エ　期待収益率　10％　標準偏差　6％

過去問題演習②

〈平成27年度　第17問〉 解答・解説はp.174

次の文章を読んで，下記の設問に答えよ。

E社は，2つのプロジェクト（プロジェクトAおよびプロジェクトB）の採否について検討している。両プロジェクトの収益率は，今夏の気候にのみ依存することが分かっており，気候ごとの予想収益率は以下の表のとおりである。なお，この予想収益率は投資額にかかわらず一定である。また，E社は，今夏の気候について，猛暑になる確率が40%，例年並みである確率が40%，冷夏になる確率が20%と予想している。

	今夏の気候		
	猛暑	例年並み	冷夏
プロジェクトA	5%	2%	－4%
プロジェクトB	－4%	2%	8%

（設問1）

プロジェクトAに全額投資したと仮定する。当該プロジェクトから得られる予想収益率の期待値および標準偏差の組み合わせとして，最も適切なものはどれか。

ア　期待値　1%　　標準偏差　3.4%

イ　期待値　1%　　標準偏差　11.8%

ウ　期待値　2%　　標準偏差　3.3%

エ　期待値　2%　　標準偏差　10.8%

過去問題演習① 解答・解説

〈平成24年度 第19問〉

Z社は現在，余剰資金の全額を期待収益率8%，標準偏差6%の投資信託で運用している。Z社では余剰資金の運用方針を変更し，余剰資金の全額を，2%の収益率をもつ安全資産と上記投資信託に等額投資する運用を考えている。変更後の期待収益率と標準偏差の組み合わせとして最も適切なものはどれか。

ア	期待収益率	5%	標準偏差	3%
イ	期待収益率	5%	標準偏差	6%
ウ	期待収益率	6%	標準偏差	6%
エ	期待収益率	10%	標準偏差	6%

■解答へのステップ

すでに問題文にそれぞれ変更前・変更後の期待収益率が記載されています。

このような場合には素直に按分で計算します。標準偏差についての数値は理論から計算せずに解答を求めます。

■解答フロー

❶ 8%と2%の等額投資であるので，$(8 + 2) \div 2 = 5$より選択肢はアかイに絞られます。

❷ 本問では，そもそも標準偏差の前提となる「分散」の計算を行うための資料がありません。そのため，標準偏差の数値自体は計算できません。

❸ そこで，理論的に考えると，変更前の投資信託の標準偏差は6%です。**変更後は「安全資産」の投資を増やすわけですから「収益のバラツキ」は確実に減少する**はずです。ところが，選択肢イは標準偏差が変更前の6%のままであり，不正解となります。

よって，正解はアとなります。

過去問題演習② 解答・解説

〈平成27年度 第17問〉

次の文章を読んで，下記の設問に答えよ。

E社は，2つのプロジェクト（プロジェクトAおよびプロジェクトB）の採否について検討している。両プロジェクトの収益率は，今夏の気候にのみ依存することが分かっており，気候ごとの予想収益率は以下の表のとおりである。なお，この予想収益率は投資額にかかわらず一定である。また，E社は，今夏の気候について，猛暑になる確率が40%，例年並みである確率が40%，冷夏になる確率が20%と予想している。

	今夏の気候		
	猛暑	例年並み	冷夏
プロジェクトA	5%	2%	−4%
プロジェクトB	−4%	2%	8%

（設問1）

プロジェクトAに全額投資したと仮定する。当該プロジェクトから得られる予想収益率の期待値および標準偏差の組み合わせとして，最も適切なものはどれか。

ア 期待値 1% 標準偏差 3.4%

イ 期待値 1% 標準偏差 11.8%

ウ 期待値 2% 標準偏差 3.3%

エ 期待値 2% 標準偏差 ~~10.8%~~

■解答へのステップ

資料のデータをボックスに代入して計算します。

■解答フロー

❶ 資料を代入すると以下のとおりとなります。

※本番書き込み用の簡略バージョン例となっています。どこまで簡略するかは各自でわかりやすいように作り直してください。

状	収リツ	×カク	=期収		キチ
モ	5	4	20		
並	2	4	8	+	2.0
冷	−4	2	−8		

収リツ	−キチ	=ヘンサ	2ジョ	×カク		分
5	2	3	9	4		
2	2	0			+	108
−4	2	6	36	2		

❷ 期待値は2とわかりますので，この時点で選択肢はウかエに絞られます。

❸ 分散が10.8とわかった時点で求められている数値は標準偏差ですので，エが消え，ウが正解になります。

※（**速算**）近似値を使用しても$\sqrt{9}$は3ですので，10.8の平方根は3より少し上とわかります。

第9章

リスクマネジメント①（先物取引・オプション等）

■記憶ポイントと基礎知識

企業活動に伴うリスクマネジメントとして，ここでは先物・先渡取引とオプションについて取り上げます。グローバルにビジネスを展開する企業が増加するなか，特に為替変動に対してのリスクヘッジとして重要性が高くなっています。

ここで，「リスクヘッジ」という言葉について説明しておきましょう。これから出てくる先物取引やオプションには，自分が独自に予想する原資産価格に基づき利益を上げることにも使用できます。しかし，「リスクヘッジ」は為替の変動等による儲けの可能性（例えばドルで支払いを行う輸入業者が，契約日より輸入した金額の決済日のほうがドル安だった場合は差額が利益になる）は捨てて，リスクの軽減にのみ使用する使い方のことをいいます。

また，先物取引にはリスクヘッジ以外に投機等，さまざまな目的で使用されますが，解説では基本的に貿易を行ううえでのリスクヘッジに限定して話を進めます。

問題の難易度も，基本的な理解があれば解答はそれほど困難ではありませんので，確実に得点したいところです。

大きく分けて，①先物取引系と②オプションが重要ですので，それぞれ解説します。

• 先物取引

先物取引とは，典型的なデリバティブ（金融派生商品）であり，金や通貨等の実物資産はもとより，日経225等の株式指数・債権・金利等多岐にわたります。

※このなかで通貨に関する先物取引のことを「為替予約」と呼びますので注意してください。

先物取引とは，

① 将来のあらかじめ定められた期日に

② 特定の商品（原資産）を

③ **現時点で取り決めた価格**

で売買することを約束する取引です。

以上の3つの項目で**一番のポイントは，3番目の「現時点（契約時点）で取り決められた価格」**での取引であるということです。もし，①②の将来のあらかじめ定められた期日に，特定の商品（原資産）を売買するという契約の場合，価格が決められた期日に現在より大幅に高く（もしくは安く）なったときのリスクヘッジの役割を果たすことができません。

先物取引の基本

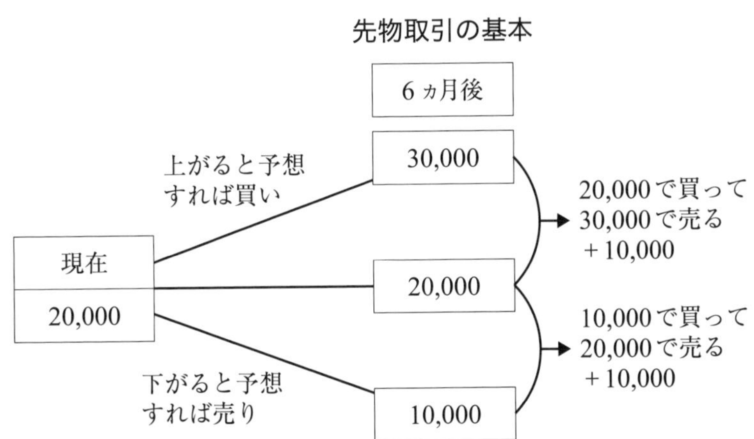

上の図において上段と下段のパターンは，利ザヤ（投機目的）を得るための行動を想定しています。しかし，中段のパターンでも「6ヵ月後に支払いや受取がある場合」には，**現時点で6ヵ月後の売りまたは買いを20,000で確定する**ことによるリスクヘッジが可能であることを示しています。

• 通常取引との違い

通常の売買と比較しながら通常取引との違いを見てみましょう。

① 取引できる期間が決まっている

通常の売買では，所有権が買主に移転するため，いつまでも保有しておくことが可能であり，また，いつでも好きなときに売ることも可能です。これに対して，先物取引は，取引期日があらかじめ決められています。つまり，先物取引では期間内ならばいつでも売買は可能ですが，期限になれば，自動的に決済されます。

② 売りからスタートすることもできる

先物取引は，通常の取引と同様の「買い」以外に，相場の下落を予測したときには現物を所有せずとも，「売り」取引，いわゆる「空売り」が可能です。相場が下落すれば，「安く買って高く売る」ことで利益を得ることができます。ただし，当然予測に反して相場が上昇した場合には，損失が発生します。

③ 差金の受け渡しで決済する

「買い付け（または売り付け）を約束した時点の先物価格」と「決済時点での先物価格」

の差額のみの受渡を行う決済方法を差金決済といいます。つまり，通常の取引のように，売買ごとに現物や代金を授受する（1,200万円分売って1,000万円分買う）のではなく，売買により生じた損益（差額のプラス200万円）のみの受渡を行います。

④ 取引には証拠金が必要になる

通常取引では，10万円の株式を買う場合，原則的に同額の資金が必要となります。これに対して，先物取引は証拠金と呼ばれる担保を差し入れて，証拠金に対して数十倍の取引を行うことが可能であり，このことをテコの原理（レバレッジ効果）と呼びます。もちろん，この効果は損失の面でも同様に働き，損害が拡大することになります。

• 先渡取引

先物取引と類似した制度に先渡取引があります。

前記の3項目（p.176参照）については，先渡取引と先物取引とは同じです。しかし，先渡取引は取引条件を，売買の**特定当事者間で任意に定める相対取引**です。一方，先物取引は諸条件がすべて標準化，定型化され，取引所で行われる取引です。

また，先渡取引は，期限日が実際に到来すれば，**実際に現物を渡すことが原則**です。そのため，期限日までに契約を変更したり，解約する場合，特定の相手方との交渉が必要になります。一方，先物取引については，期限日前にいつでも自由に反対売買，すなわち売り手は買戻し，買い手は転売することで，当初の契約を解消することができます。

• 先物取引のFB（フレキシブル・ボックス）

先物についての計算問題は複雑な計算は必要とされませんが，頭の中が混乱することでケアレスミスを起こしやすい傾向にあります。問題の解答には，以下のFBに，資料を整理して書き込むことで，ミス防止を図ることをお勧めします。

以下のボックスの書き方のポイントは，

① 横の欄は左に決済日，右に販売日を取ります。

② 縦の欄は上に先物，下に直物を取ります。

	決（済日）	販（売日）
先（物）		
直（物）		

- **FB 解法の手順**

先物取引のFBによる解法は，大きく分けて**3つの手続き**に分かれます。

① 数値の記入
② 符号の決定
③ 損益の計算 です。

まず，BOXには2つの数値を記入しますが，書き込む順番が大切なポイントになります。基本的には，確定した数値を先に記入するのが原則です。先物取引（為替予約）の数値は**契約時点で確定します**ので，まずその数字を左上の欄に記入します。また，直物相場間の比較の場合には**決済日に支払いまたは受け取ることは確定**していますので，そちらを優先します。

販売日と決済日の中間で為替予約を行うときは予約時のレートを優先します（直直差額）。

次に，符号を決めます。**先売りの場合は対価が手に入るのでプラス**の記号を，反対に**先買いの場合には対価を支払うのでマイナス**の記号を打ちます。問題文に現れる他の数字すなわち①「先物取引」に対する「直物取引」，②「決済日」に対する「販売日」については必ず先物・決済日の数字とプラス・マイナスを逆にして記入します。③その**差額に取引量を乗ずる**と全体の損益が判明しますが，実際の1次試験では暗算で解けることがほとんどです。

※差金決済の場合は当日の先物取引レートで反対の符号を記入し計算します。

以下，例題を見てみましょう。

例題（平成21年度2次試験 事例Ⅳ 第4問改題）

輸出業を営むA社は，売上代金を四半期ごとの期末にドルで受け取っている。また，為替リスクをヘッジするため，各四半期首に売上予想による為替予約を行っている。20XX年第1四半期の予想売上は200万ドル，期首に1ドル100円で為替予約（ドルの売り建て）を行った。第1四半期の現実の売上は150万ドル，期末の直物相場は104円であった。為替による損益を求めなさい。

解説

まず，予想の売上分については為替予約を行っており，取引ごとの当日の直物レートが不明ですので，損益は発生しません。その意味ではやや特殊な問題です。

200万ドル分の先売りを行っているということは，**決済日時点で200万ドルを用意する必要**があります（多くの問題は決定済みの売上代金や売掛金が払われますので，それを充当します）。しかし本問で，売上は150万ドルであるため，不足の50万ドルについて市場（直物レートの104円）で手当てを行う必要があります。まず，先物取引について先に記入します。レートは100円，符号は売りですのでプラスと記入します。次に当日の直物レート104を反対の符号で記入します。

	決（済日）	販（売日）
先（物）	＋100	
直（物）	－104	

以上から－4が判明します。取引量の50万ドルを乗ずることで損益は200万ドルのマイナスであることが求められます。

• オプション

オプションも先物取引同様，デリバティブ（金融派生商品）であり，将来の価格を現時点で決定することにより，リスクヘッジや投機的利益の獲得を狙う取引であるという点では先物取引と共通です。大きな違いは，**先物取引が（取引の実情がどうあれ）原資産の売買**であるのに対し，**オプションは権利の売買**である点です。

また，購入者もあくまで「権利」なので，放棄することでリスクを一定に抑えることも可能である点です。言い換えると，オプションは買い（権利を買う側＝オプション料を払う側）であれば，**損失はオプション料（オプションプレミアム）より大きくならない**という非常に大きい利点があります。

権利には，特定の原資産をあらかじめ決めた価額で**売る権利（プットオプション）**と**買う権利（コールオプション）**があります。さらに，行使できるタイミングによって指定期日までに**いつでも行使可能なアメリカンタイプ**と，**指定期日のみに行使できるヨーロピアンタイプ**に分けられます。オプションについてはコールオプションとプットオプションのそれぞれについて売る立場と買う立場があるので，この**4パターン**のそれぞれについて，原資産価格が**決済日に権利価格から上下した場合の利益・損失**について理解しておく必要があります。

以下のグラフの意味を理解し，書けることを目指してください。試験対策としてはそこまでで十分です。

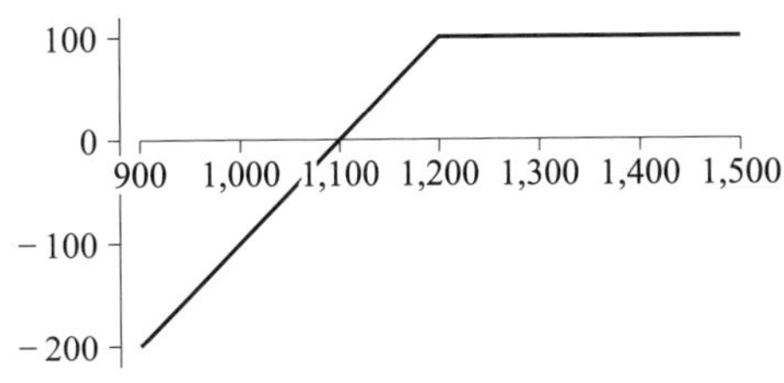

B「コールオプションの売り」

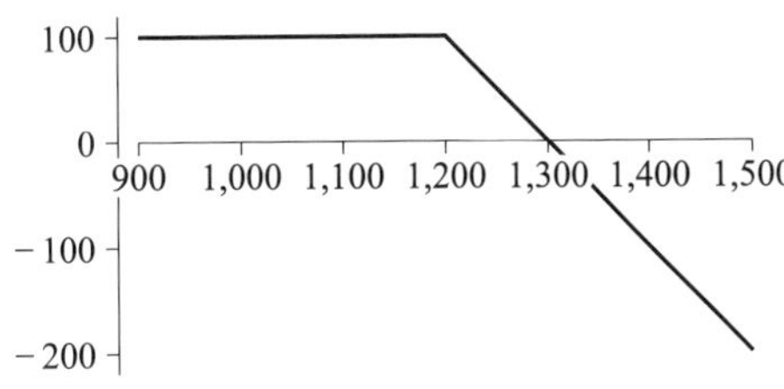

C「プットオプションの買い」

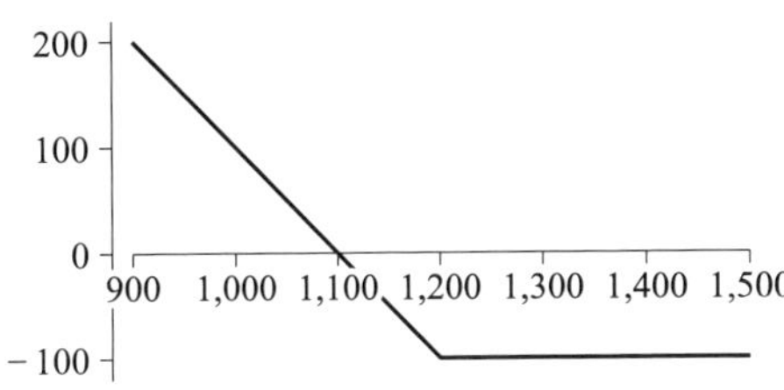

D「コールオプションの買い」

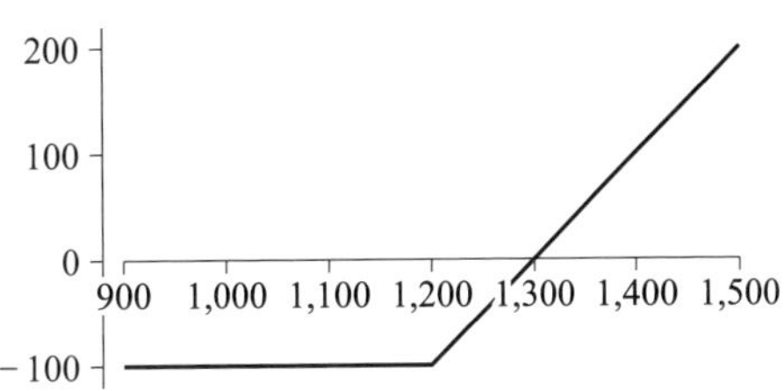

まず，1つの図について意味を理解したうえで確実に書けるようにしましょう。背景を理解したうえで1つを確実に書ければ，その逆を書くことで4つのパターンに展開できます。ポイントは，**「売る側か買う側か」と「原資産の価格がどう動いたときに儲かるか（損するか）」の2点**です。

〈売りのグラフか買いのグラフか〉

上側の2つのグラフ（A，B）に共通する部分として，「水平部分の収支がプラス」です。原資産の価格の動きにかかわらず収支がプラスということは，権利を売って金を受け取った側（売り手）を示します。逆に，下側の2つのグラフ（C，D）は買い手であることを示しています。そして，損益は当然に売り手と買い手では逆になります。

〈安値で動くか高値で動くか〉

大前提として絶対に押さえておかなければならない知識は，買い手側で**原資産が安くなった場合にプラス**であるのは**プットオプション**であることです。つまり，**安くなった原資産を買って高く売りつける**（プット）ことができるからです。ということは，①水平部分がオプション料金を払っているためマイナスで，かつ②原資産が安いところで利益の出ているCのグラフが「プットオプションの買い」のグラフとなります。

そのうえで，Aのグラフは原資産が予想より下回った場合の損益がマイナスになっていますので，プットオプション買いの逆＝「プットオプションの売り」のグラフです。

逆がコールオプションで，買い手は，**所定の価格で買い付ける（コール）権利を有しているため，原資産が所定の価格より高くなれば，売る**こと（言い換えると安く買って高く売る）で利益を上げます。

「コールオプションの売り」ポジションの場合は，グラフBの右側が示すとおり，原資産がいくら値上がりしようともその価格で売る義務があります。言い換えると，損失の可能性が無限にある非常にリスクの高い立場といえます。

反対に，「オプションは権利」ですから，「買い」の場合にはコールであれプットであれ不利益な場合については権利を放棄すればよいため，オプションプレミアム（オプション料）が最大の損失となります。

☞２次試験に向けて

過去には，理論問題および簡単な計算問題の出題がありました。今後の出題も十分考えられます。その場合，極端に難しい出題ではなく，先物取引やオプション取引を行った場合の損失利益のパターンを把握し，計算できるかを問われる程度の問題の可能性が高いのではないかと思います。その程度までは確実にできるように準備をしておきましょう。

■１次試験問題の特徴

近年は，ほぼ毎年のように出題がある重要論点です。内容としても先物取引とオプションの基本的理解を問うものが多くなっていますので，基本問題が出たときには確実に得点できるように準備しておきましょう。

既成概念の呪縛

すべての人は多かれ少なかれ既成の概念に縛られます。長い間，当然のように思われてきた「ルール」や「メソッド」「考え方」には妥当性があると思い込むものです。当然，妥当性があるがゆえに存続しているルール等も多数存在しますが，単なる成り行きで行われたものが，十分な検証が行われないままに習慣化しているものも実は多数あります。

組織論で学ぶ「高次学習・低次学習」,「シングルループ学習・ダブルループ学習」はまさにこの「既成概念の呪縛の怖さ」を正面から捉え，変革を求めるものです。また，そのビジネスへの応用と考えられる「ビジネスプロセス・リエンジニアリング（BPR)」の考え方も本質的なところは同じだと思われます。

日本国内において，BPRはリストラクチャリング（事業の再構築）とともに，本来の学術的意味を離れて「首切り」の代名詞のような言葉として定着してしまいました。しかし，環境変化が大きく激しい現代では，過去の延長線上にある既存のルールや仕組みについてゼロベースで検証することは極めて重要です。そのため，有用な経営理論の1つとして近年，再評価が進んでいます。

筆者は，学習方法に関する従来のメソッドや考え方に関しては，「既成概念の呪縛」の支配がかなり強い分野であると考えています。例えば，学習はほとんどの人が「机を使用してイス（または座布団等）に座って」行っています。これは長期的な観点で見ても人類の歴史のなかで数百年（もしくは1000年）以上続いており，人々の頭の中で当然のこととなってしまっています。しかし，筆者はこの方法が学習効率を考えたときに，本当にベストな方法かどうかが検証されたうえでの結果ではなく，典型的な成り行きで行われてきた習慣であると考えています。

特に，疲労感があるときに机に向かってイスに座ると，強い眠気に襲われ，学習効率は非常に悪くなります。以下に，筆者の推奨する効率のよい家庭内学習の方法を例示しておきますので参考にしてください。

① スタンディング・デスクを使用し，立って学習する。それでも眠い場合は歩きながら行う。

※それでも眠い場合は体が危険信号を出しているので，素直に就寝しましょう。

② 疲労感を感じた場合はイスに座るのではなく，完全に横になります（ヨガの死体のポーズ等)。5～10分でも完全に横になることで疲労の回復が進みます。

③ 完全に横になるときは，コラム⑦のメソッドのなかでもリピーティングやシャドーイング等，音声を発する学習法を取るか，目覚まし機能をセットしたうえで完全に休息をとります。

過去問題演習①

〈平成21年度　第19問〉　解答・解説はp.188

次の図は，ヨーロピアンタイプのオプション取引を行ったときの損益図表を示している。この図と以下の文章から，下記の設問に答えよ。

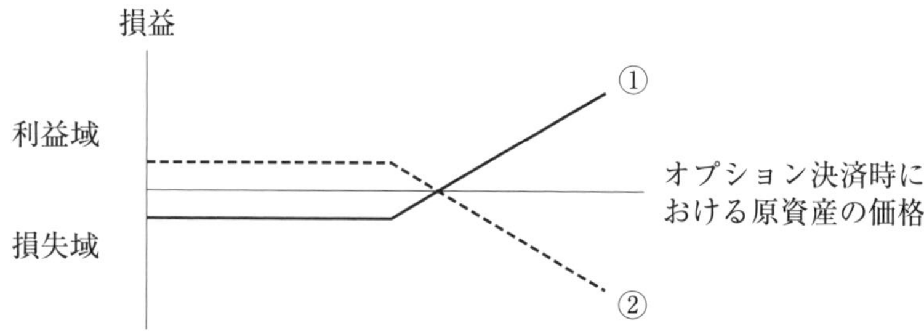

この図で示される実線①は［A］の損益を示しており，破線②は［B］の損益を示している。この図から分かるように，［A］の最大損失は［C］に限定されるが，［B］の損失は，決済時の原資産の価格によって無限になる可能性をもっている。

（設問1）

文中の空欄AとBに入る用語の組み合わせとして，最も適切なものはどれか。

ア　A：コールオプションの売り手　B：コールオプションの買い手
イ　A：コールオプションの買い手　B：コールオプションの売り手
ウ　A：プットオプションの売り手　B：プットオプションの買い手
エ　A：プットオプションの買い手　B：プットオプションの売り手

（設問2）

文中の空欄Cに入る用語として，最も適切なものはどれか。

ア　オプション契約時における原資産価格
イ　オプション決済時における原資産価格
ウ　オプションプレミアム
エ　権利行使価格

過去問題演習②

〈平成22年度　第18問〉 解答・解説はp.190

次の文章を読んで，下記の設問に答えよ。

事務機器の販売を行っているF社は，得意先であるアメリカの会社から販売代金100万ドルを1カ月後に受け取ることになっている。F社は円高傾向を予想しており，為替変動リスクをヘッジするためにZ銀行と1ドル98円の予約レートで為替予約（ドル売り）を結んだ。一方，ゲームソフトの販売を行っているG社も同じく販売代金20万ドルをアメリカの会社から1カ月後に受け取ることになっている。G社もまた為替変動リスクに備えるため，先物市場においてドルの1カ月物先物を先物価格100円にて20万ドル分売建てた。なお，両者の商品販売時であるこの時点での直物レートは1ドル＝102円であった。

さて，1週間が経過した後，当初の予想に反し，直物レートは1ドル＝105円の円安となった。これを受けてG社は反対売買による差金決済を行った。このときの先物価格は1ドル＝103円であった。

その後1カ月が経過し，販売代金受け取り時における直物レートは1ドル＝108円になっていた。

（設問1）

F社の為替予約による損益と直物による損益とをあわせたネットの損益として最も適切なものはどれか。

ア　1,000万円の損失　　イ　400万円の損失
ウ　600万円の利益　　エ　1,000万円の利益

（設問2）

G社の通貨先物取引による損益と直物による損益とをあわせたネットの損益として最も適切なものはどれか。

ア　160万円の損失　　イ　60万円の損失
ウ　60万円の利益　　エ　120万円の利益

過去問題演習③

〈令和２年度　第15問〉

解答・解説はp.193

オプションに関する記述として，最も適切なものはどれか。

ア 「10,000円で買う権利」を500円で売ったとする。この原資産の価格が8,000円になって買い手が権利を放棄すれば，売り手は8,000円の利益となる。

イ 「オプションの買い」は，権利を行使しないことができるため，損失が生じる場合，その損失は最初に支払った購入代金（プレミアム）に限定される。

ウ オプションにはプットとコールの2種類あるので，オプション売買のポジションもプットの売りとコールの買いの2種類ある。

エ オプションの代表的なものに先物がある。

過去問題演習④

〈令和３年度　第23問〉

解答・解説はp.194

オプションに関する記述として，最も適切なものはどれか。

ア　他の条件を一定とすれば，権利行使価格が高いほどコール・オプションの価値は高くなる。

イ　他の条件を一定とすれば，行使までの期間が短いほどコール・オプションの価値は高くなる。

ウ　プット・オプションを購入した場合，権利行使価格を大きく超えて原資産価格が上昇しても，損失の額はプレミアムに限定される。

エ　プット・オプションを売却した場合，権利行使価格を大きく下回って原資産価格が下落しても，損失の額はプレミアムに限定される。

過去問題演習①　解答・解説

〈平成21年度　第19問〉

次の図は，ヨーロピアンタイプのオプション取引を行ったときの損益図表を示している。この図と以下の文章から，下記の設問に答えよ。

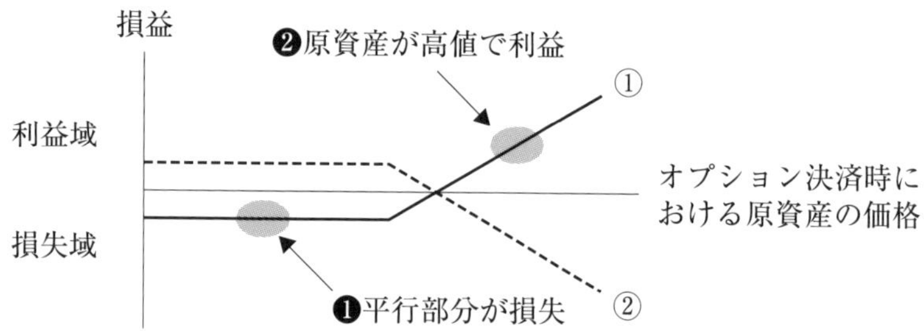

この図で示される実線①は［A］の損益を示しており，破線②は［B］の損益を示している。この図から分かるように，［A］の最大損失は［C］に限定されるが，［B］の損失は，決済時の原資産の価格によって無限になる可能性をもっている。

(設問1)

文中の空欄AとBに入る用語の組み合わせとして，最も適切なものはどれか。

ア　A　コールオプションの売り手　　B　コールオプションの買い手
(イ)　A　コールオプションの買い手　　B　コールオプションの売り手
ウ　A　プットオプションの売り手　　B　プットオプションの買い手
エ　A　プットオプションの買い手　　B　プットオプションの売り手

(設問2)

文中の空欄Cに入る用語として，最も適切なものはどれか。

ア　オプション契約時における原資産価格
イ　オプション決済時における原資産価格
(ウ)　オプションプレミアム
エ　権利行使価格

■解答へのステップ

オプションの問題は4つのパターンの判断ができればおおむね正解できる問題が多くなっていますが，この問題もそのパターンです。ポイントである「売りか買いか」「原資産の値動きと利益・損失の関係」から解答を導きます。

■解答フロー

（設問1）

❶ まず，実線部分を見ると平行部分がマイナスですから**オプション料を払う側**，つまり「買いのポジション」であることがわかります。

❷ 次に，右側部分で斜め上に伸びていることから，**原資産が値上がりしたときに利益が増加**していることがわかります。値上がりで利益が上がる（安く買って現物を高く売る）ことから「コールオプション（買い）」であることがわかります。

よって，正解はイとなります。

（設問2）

❶ 設問1で判明しているように，実線は買いのポジションです。

❷ **オプション取引で「買い」の場合の損失はオプションプレミアム（オプション料）が最大**となります（権利なので不利益な場合は放棄すればよいため）。

よって，正解はウとなります。

過去問題演習②　解答・解説

〈平成22年度　第18問〉

次の文章を読んで，下記の設問に答えよ。

事務機器の販売を行っているF社は，得意先であるアメリカの会社から販売代金100万ドルを1カ月後に受け取ることになっている。F社は円高傾向を予想しており，為替変動リスクをヘッジするためにZ銀行と1ドル98円の予約レートで為替予約（ドル売り）を結んだ。一方，ゲームソフトの販売を行っているG社も同じく販売代金20万ドルをアメリカの会社から1カ月後に受け取ることになっている。G社もまた為替変動リスクに備えるため，先物市場においてドルの1カ月物先物を先物価格100円にて20万ドル分売建てた。なお，両者の商品販売時であるこの時点での直物レートは1ドル＝102円であった。

さて，1週間が経過した後，当初の予想に反し，直物レートは1ドル＝105円の円安となった。これを受けてG社は反対売買による差金決済を行った。このときの先物価格は1ドル＝103円であった。

その後1カ月が経過し，販売代金受け取り時における直物レートは1ドル＝108円になっていた。

（設問1）

F社の為替予約による損益と直物による損益とをあわせたネットの損益として最も適切なものはどれか。

ア　1,000万円の損失　　イ　400万円の損失
ウ　600万円の利益　　エ　1,000万円の利益

（設問2）

G社の通貨先物取引による損益と直物による損益とをあわせたネットの損益として最も適切なものはどれか。

ア　160万円の損失　　イ　60万円の損失
ウ　60万円の利益　　エ　120万円の利益

■解答へのステップ

先物取引だけではなく，直物取引を加えたネットでの損益を求める問題です。頭の中で計算するとケアレスミスをしやすい分野です。多少の時間をかけても，ボックスに記入して正確に計算を行いましょう。

■解答フロー

（設問1）

❶ 必要な項目に丸を入れます。

❷ 問題文より，F社の場合「先物売り」と「直物売り」が問われていることがわかります。

❸ まず，「先物売り」についてボックスに記入します。売りなので＋98。次に，決済日の直物レートを，逆の符号なので－108と記入します。

テクニック☞選択肢を見ると100万ドルの単位は無視してもよいのがわかります。

	決（済日）	販（売日）
先（物）	＋98	
直（物）	－108	

よって－10となります。

❹ 次に，「直物売り」についてボックスに記入します。決済日を先に記入し＋108，販売日は反対符号で－102になります。

	決（済日）	販（売日）
先（物）		
直（物）	＋108	－102

よって＋6。総合すると，－10（先物）＋6（直物）＝－4。
したがって，正解はイとなります。

（設問2）

❶ 必要な項目に丸を入れます。

❷ 問題文より，G社の場合「先物売り」と「直物売り」が問われていることがわかります。

❸ まず，「先物売り」についてボックスに記入します。

テクニック☞選択肢を見ると，20万ドルの単位は最後の暗算でも可能なので，いったん無視します。

❹ 設問1と大きな違いはありませんが，1週間後の差金決済が問題となっています。しかし，記入法自体は同じであり，まず先物決済の欄に契約済みの売り＋100を記入し，その反対にその日の先物レート－103を記入します。＋100－103より－3となります。

	決（済日）	販（売日）
先（物）	＋100	
直（物）	－103	

❺ 直物については，設問1と同じです。

	決（済日）	販（売日）
先（物）		
直（物）	＋108	－102

よって＋6となります。総合すると，－3（先物）＋6（直物）＝3が求まり，暗算で2を掛けると6。したがって，正解はウとなります。

過去問題演習③　解答・解説

〈令和２年度　第15問〉

■解答へのステップ

演習①同様，オプションの問題は解説の図で示した4つのパターンの判断ができれば，おおむね正解できる問題が多くなっています。ポイントである「売か買か」「原資産の値動きと利益・損失の関係」から解答を導きます。その他の論点を問われた場合も，先物や現在価値に関する一般的な知識から推測できることがあります。

■解答フロー

❶ ア：「買い手が権利を放棄する」ということは，実際には現物の売買が行われなかったことを意味します。その場合は，最初に行われたオプションという権利の売買で取引が終了することになります。そのため，本問では最初の500での売りが最終利益になります。

❷ イ：先物取引との大きな違いである，権利を放棄することで「損失をオプション料に限定できる」という典型的なオプションのメリットを述べています。

❸ ウ：解説ページで説明したとおり，オプションにはコールの売り，買いとプットの売り，買いの合計4つのパターンがあります。

❹ エ　先物取引とオプション取引は同じデリバティブ（金融派生商品）ですが，権利の売買と実物の売買の違いがあります。

よって，正解はイとなります。

過去問題演習④　解答・解説

〈令和3年度　第23問〉

■　解答フロー

❶ア：コール・オプションは一定の価格で「買うことできる権利」でした。当然安く買えるほうが価値は高くなり，価格も高くなります。

❷イ：オプションも，広い意味ではリスクヘッジの一方法といえます。そして，リスクが高いほど，ヘッジに掛かる費用も高くなります。他の条件を一定とすれば，行使までの期間が長いほど価格のブレが大きくなることは容易に想像できるでしょう。

❸ウ：問題文にプット・オプションを購入した場合とあります。オプションの購入者は「権利を放棄する権利」がありますので，どのように原資産価格が変動しようとも，損失はオプション料に限定されます。

❹エ：プット・オプションの買い手は決まった価格で原資産を売る権利があります（たとえば1万円)。反対に，プット・オプションの売り手はたとえ原資産が10円になっても，1万円で買い取る必要があるため，損失が膨らみます。

よって，正解はウとなります。

音読10分の1ルール

中小企業診断士試験を受験される方のほとんどはそれぞれの仕事をお持ちであり，日々の多忙な業務をこなしながら学習時間を捻出されています。しかし残念ながら，その貴重な学習時間を「いかに効率的に使うか」という視点で工夫をされている方は少ないように感じます。本来なら「休息」「趣味」や「家族や友人との団らん」にご自身が使える時間を学習に充てる以上，最大限の効率と効果を意識して取り組んでいただきたいと思います。コラム⑦既成概念の呪縛の後半に続きまして比較的簡単に学習の効率を上げる方法について説明したいと思います。

受験生の学習方法を見ると，黙読に片寄った勉強をする方が非常に多く見受けられます。

これも，コラム⑨の既成概念の呪縛の一例でもあります。黙読には，時間単位当たりの情報処理量が多いという非常に有利な部分があります。そのため，黙読を主に学習をすること自体は何ら問題がありません。しかし，黙読ばかりをすることは大脳生理学の観点からは効率的ではありません。

例えば，スポーツのトレーニングで，右腕のダンベルばかり延々と続けた場合，すぐに疲れがたまってトレーニングの継続が困難になります。同様に，黙読を延々と続けた場合には脳の一部を酷使することになり，その結果，集中力の欠如や飽きが出てきます。そこで，例えばコラム⑦で紹介した，シャドーイング，リピーティング，リスニング等の黙読とは違う脳の部分を多く使用するメソッドを組み合わせることにより，長時間の学習が効率よくできるようになります。

最も簡単で効果的な方法は「音読」を組み合わせることです。音読は脳の活性化や血流の増加等，大脳生理学の多くの実験でその効果が証明されています。ただし，単位時間当たりの情報処理量は黙読にはかないませんので，音読を学習の主体に置くことはお勧めしません。

「音読10分の1ルール」は，シンプルに「学習時間の10分の1は最低音読に充てましょう」ということです。ただし，順番はまず音読を入れてレディネスを作ったあとに黙読を続けます。すなわち，「音読」はスポーツの例でいうと「ウォームアップ」と同じ役割を果たすともいうことができます。

第10章

リスクマネジメント②（ポートフォリオ等）

■記憶ポイントと基礎知識

ポートフォリオについては，分野ごとにいろいろな定義があり，公式に確定したものはありません。ここでは，ファイナンスの分野で1種類の資産にすべてを投資せず，**複数の資産に分散投資を行うことによりリスクマネジメントを行うこと**と定義しておきます。

簡単な例では，株式を保有する場合に円高が業績にプラスに作用する企業A（例えば日清製粉）の株式のみを所有していると，為替が円安に振れたときに値下がりのリスクがあります。もし，円安が業績にプラスに作用する企業B（例えばマツダやスバル）の株式と半分ずつ所有していた場合には，Aは円安で値が下がりますがBが値上がりするので，A単独所有時よりリスクが下がります。

ファイナンスの格言に「同じバスケットに卵を入れるな」という有名な言葉があります。極端な例を挙げれば，超円高が長く続く場合に輸出企業は破たんする可能性もありますが，そのときに円高で高い利益を上げる会社の株式に分散投資をしておけば全損は免れることができます。

当然，円高で業績がプラスになる株だけを所有していた場合，円高になれば儲けが発生します。ポートフォリオの考え方は，**儲け（利益）の可能性がある程度減少しても，損失の可能性を下げる**，まさに「リスクヘッジ」の考え方に立ちます。

ポートフォリオについても深入りすると高等数学の世界になります。試験対策としては次のグラフの意味を理解して，それぞれの場所の意味を説明できるようにしてください。逆に，それ以上は興味のある方や得意な方以外は学習時間効率が悪いと判断します。

ポートフォリオのグラフ

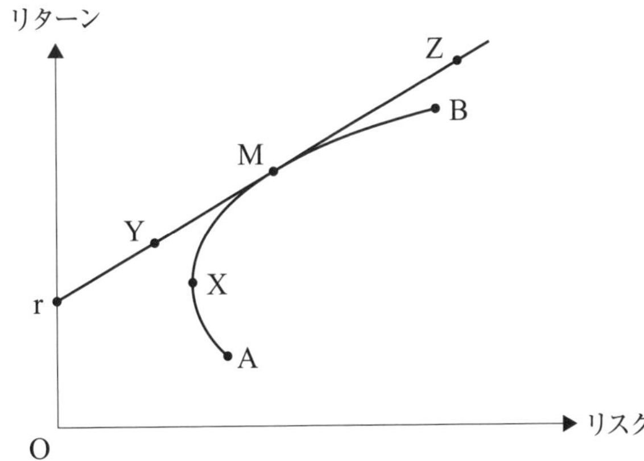

• **無リスク資産が存在しない場合のポイント**（点Aから点Bまでの曲線）

❶ まず，最重要部分は点Aから点Bまでの弓なりの曲線です。曲線AB上では株式Aと株式B，**点AはA株式のみを所有**している状態を表します。

❷ 点Aから少しずつ**B株式の所有を増やし，その分A株式の所有を減少**していくと曲線上を斜め左上に移動します。

❸ 斜め左上に移動するということは点Xの位置までは**「リスクが減少」**し**「リターンが増加する」**，つまりA株式の単独所有に比べて明らかに有利ということを示しています。

❹ 点Xまで移動した時点で，それ以上のリスク低下はなくなります。言い換えると，AB株でのポートフォリオを組むときの**一番リスクが少ない保有比率点**です。

❺ さらにB株式の保有比率を増やしていくと，曲線上を斜め右上に移動します。そのことは**リスクも上昇するが，それに比例しリターンも増加する**ことを意味します。

❻ 点Bは**B株式のみを所有する点**となり，**リスクおよびリターンともに一番高くなります。**

❼ 曲線AXに関しては，曲線XBに比べてリスクは変わらないのにリターンは少ない（つまり非効率である）ため，選択されません。よって，AX間を除くXB間を**「有効フロンティア」（または効率的ポートフォリオ）**と呼びます。

• **無リスク資産が存在する場合のポイント**（点rから点Zまでの直線）

❽ 次に，点rより右上に伸びる直線について説明します。まず点rは見てわかるように**リスクがゼロですが，リターンはある状態**です。つまり，CAPMのところで解説した国債等の**「無リスク資産」のみを所有**している状態です。

❾ では，**点rから斜め右上に移動**するということは何を意味するのでしょうか。「無リスク資産」のみのポートフォリオから，**「無リスク資産」を減らし，その分AB株式の所有を増やしていく**と直線上を斜め右上に移動していきます。

❿ 点Yは，無リスク資産とAB株式を6対4ぐらいで保有するポートフォリオの状態を表しています。

⓫ さらに移動すると**点M**に到達しますが，ここでは**無リスク資産の保有はゼロ**となります。無リスク資産の存在を考えたポートフォリオの場合，原則的に線rYMB上のどこかのポートフォリオ（無リスク資産100%〜B株式100%）を選択することになります。

⓬ では，直線MZは何を意味するでしょう。ここは深入りすると難しいところですので，点rから点Zに伸びる直線の名称を「資本市場線」と呼ぶこと，自己資金だけではなく，無リスク資産と同じ借入レートで資金調達して投資を行う場合という結論だけ押さえてください。興味のある方は専門書をご覧ください。

過去問題演習①

〈平成28年度　第18問〉

解答・解説はp.200

以下のグラフは，ポートフォリオ理論の下での，すべてのリスク資産と無リスク資産の投資機会集合を示している。これに関して，下記の設問に答えよ。

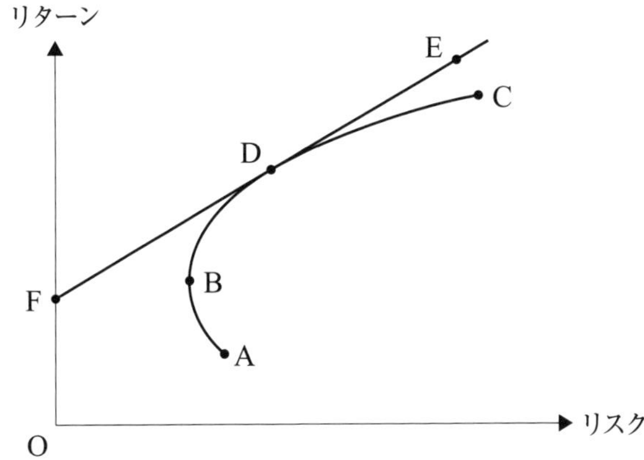

(設問1)

無リスク資産が存在しない場合の記述として最も適切なものはどれか。

ア　B-C間を効率的フロンティアと呼ぶ。

イ　均衡状態においては，すべての投資家が同一のポートフォリオを所有する。

ウ　合理的な投資家はA-B間から，各人のリスク回避度に応じてポートフォリオを選択する。

エ　投資家のリスク回避度が高くなるほど，点Cに近いポートフォリオを選択する。

(設問2)

無リスク資産が存在する場合の記述として最も適切なものはどれか。

ア　均衡状態においては，すべての投資家が所有する危険資産と無リスク資産の比率は同じである。

イ　資金の借り入れが，無リスク資産利子率において無制限に可能である場合，投資家はD-E間を選択せず，F-D間から各自のリスク回避度に応じてポートフォリオを選択する。

ウ　すべてのリスク回避的な投資家は無リスク資産のみに投資する。

エ　点Dを選択する投資家も存在する。

過去問題演習① 解答・解説

〈平成28年度 第18問〉

以下のグラフは，ポートフォリオ理論の下での，すべてのリスク資産と無リスク資産の投資機会集合を示している。これに関して，下記の設問に答えよ。

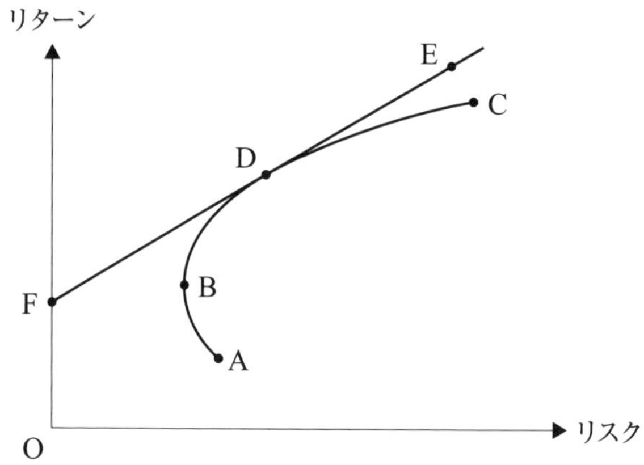

（設問1）

無リスク資産が存在しない場合の記述として最も適切なものはどれか。

(ア) **B-C間を効率的フロンティア**と呼ぶ。

イ 均衡状態においては，**すべての投資家が同一**のポートフォリオを所有する。

ウ 合理的な投資家は**A-B間**から，各人のリスク回避度に応じてポートフォリオを選択する。

エ 投資家の**リスク回避度が高くなるほど，点Cに近い**ポートフォリオを選択する。

（設問2）

無リスク資産が存在する場合の記述として最も適切なものはどれか。

ア 均衡状態においては，**すべての投資家**が所有する危険資産と無リスク資産の**比率は同じ**である。

イ 資金の借り入れが，**無リスク資産利子率において無制限に可能**である場合，投資家はD-E間を選択せず，**F-D間**から各自のリスク回避度に応じてポートフォリオを選択する。

ウ **すべてのリスク回避的な投資家**は無リスク資産**のみ**に投資する。

(エ) **点Dを選択する投資家**も存在する。

■解答へのステップ

ポートフォリオのグラフの12のポイントと，R&Rの知識から正解の選択肢を選びます。

■解答フロー

（設問1）

ア　**ポイント❼**より適切だとわかります。正解です。

イ　リスクを積極的にとりハイリターンを狙う投資家もいれば，安全第一の運用を志向する投資家も存在します。「すべての投資家」というのは常識的にも間違いとわかります。

ウ　A-B間は非効率ですので選択されません。**ポイント❼**

エ　効率的ポートフォリオ上の，点Cと点Bを比べると明らかに点Bのほうがリスクが低いのがわかります。**ポイント❹**

（設問2）

ア　設問1のイと同じく，投資家にはそれぞれ個別のリスクに対してのスタンスがあるため，「すべての投資家が同じ」は間違いです。

イ　無リスク資産利子率において無制限に可能な場合のポートフォリオはD-E間です。**ポイント⓬**

ウ　リスク回避的な投資家のなかにも当然程度があります。リスクの回避を最優先する場合には無リスク資産のみに投資を行いますが，その他の場合はリスク回避志向の程度に応じて無リスク資産とリスク資産の分散ポートフォリオに投資することになります。

エ　効率的ポートフォリオ上の点ですので，当然選択する投資家も存在します。**ポイント⓫**より適切だとわかります。正解です。

第11章

株式指標・企業価値等

■記憶ポイントと基礎知識

以下の指標についての計算式と，指標の持つ意味については確実に理解しましょう。そのときには，略号ではなく必ずフルスペル（日本語で構いません）で覚えましょう。意味を度忘れしてもフルスペルで覚えておけば何とか思い出すこともできます。

• 株式指標

① PER（プライス・アーニング・レシオ）：株価収益率

株価収益率は，株価と企業の収益力を比較することによって株式の投資価値を判断する際に利用される指標であり，以下の式で求められます。(単位：倍)

株価収益率＝株価÷1株当たり当期純利益

または,

株価収益率＝時価総額÷当期純利益

株式指標で最も重要視される指標といってもよいでしょう。株主側から見れば,「利益がすべて配当に回された場合に何年間で元本を回収できるか」という指標として見ることができます。数字は単純に考えると大きくなると割高，小さいと割安となります。しかし，将来の成長が期待される企業では，当期の純利益が少なくても株価は高値をつけることはよくある話ですので，総合的な判断が必要になります。

② PBR（プライス・ブックバリュー・レシオ）：株価純資産倍率

株価純資産倍率は，1株当たり純資産に対する株価の倍率（状況）を測る指標です。企業の資産面から株価の状態を判断する指標であり，次の式で求められます。(単位：倍)

株価純資産倍率＝株価÷1株当たり純資産額

または,

株価純資産倍率＝時価総額÷純資産額

この指標が1を割るということは純資産（会社を解散するときの価値）のほうが株価総額より高くなるため，事業をやめるほうが株主利益になるとも考えられます。また，買収の対象になりやすくなります。

③　EPS（アーニング・パー・シェア）：1株当たり当期純利益

1株当たり当期純利益＝当期純利益÷発行済株式総数

1株に対する純利益がどれくらい出ているのかを価格で表したものです。（単位：円）

④　BPS（ブックバリュー・パー・シェア）：1株当たり純資産額

1株当たり純資産額は，会社が発行している発行済株式総数に対してどれだけの純資産があるのかを示す指標です。企業の健全性などを把握するための指標になります。以下の式で求められます。

1株当たり純資産額＝純資産額÷発行済株式総数

⑤　DPS（ディビデント・パー・シェア）：1株当たり配当金

株主に還元される1株当たりの年間の配当額のこと。配当利回りなどの計算に用いられる指標です。

1株当たり配当金＝配当額（年間総額）÷発行済株式数

⑥　配当性向

当期純利益のうち配当金としてどのくらい支払われているかを表した指標です。以下の式で求められます。

配当性向（％）＝配当金支払額÷当期利益（当期純利益）×100

または，

配当性向（％）＝1株当たり配当額÷1株当たり当期純利益×100

配当性向が低いということは，利益処分に余裕があり，内部留保率が高いことを意味します。ざっくりいうと，投資の必要性が高い新興・ベンチャー企業は低く，投資の必要性の低い成熟した企業は高くなる傾向があります。

⑦　配当利回り

配当利回りとは，現在の株価で投資を行った場合に年率換算でどれだけの配当金を受け取れるのかを示す指標です。以下の式で求められます。

配当利回り（%）＝1株当たり配当額（予定額）÷株価×100

• 資本利益率

① ROA（リターン・オン・アセット）：総資産利益率

総資産利益率（%）＝利益÷総資産×100

企業に投下された総資産（総資本）が，利益獲得にどのくらい効率的に利用されているかを表す指標です。

② ROE（リターン・オン・エクイティ）：自己資本利益率

自己資本利益率（%）＝当期純利益÷自己資本×100

企業の自己資本（株主資本）に対する当期純利益の割合を示す指標であり，株主の持分に対する投資収益率を表す指標です。

☞2次試験に向けて

過去に，理論問題の出題がありました。今後も計算問題を含めた出題の可能性があります。その場合，それぞれの指標についての公式を思い出せない場合には大失点（不合格）につながる可能性があります。1次・2次含めて出題頻度はそれほど高くありませんが，指標の意味と公式については確実に理解し使えるようにしておきましょう。

■1次試験問題の特徴

指標についての理解と記憶があれば正解できる問題が多いです。解答についてはやや時間を要する問題が多い傾向にありますが，多少時間をかけても取れる問題は確実に取りにいきましょう。

最終合格に向けて―1次試験合格までに必ずしておくべきこと

例年のように繰り返されている悲劇があります。それは，多くの受験生が1次試験合格に注力するあまり，**2次試験対策がゼロ**のまま1次試験に合格してしまうことです。

その結果，何が起こるかというと，あわてて右往左往しているうちに2か月半が過ぎ，1回目の2次試験は，実質上の「記念受験」となってしまう受験生が毎年相当数，出てくることになります。

ただし，そうは言っても1次試験と2次試験の対策を並行して完全に行うこともまた多忙な受験生には難しいことも事実です。そこで，1次試験と2次試験のシナジー効果を活かし，8月の合格時には**2次試験に向けてスタートダッシュが切れる状態**にしておくために，過去の指導経験から有効性が高いと考える方法を紹介します。

① 事例Ⅳについて

事例Ⅳは難しい試験ですが，その**学習内容は1次試験と直結**しています。そのため事例Ⅳに関しては，

知識について，

『事例Ⅳ（財務・会計）の全知識＆全ノウハウ』（同友館）

演習について，

『30日完成！ 事例Ⅳ合格点突破 計算問題集』（同友館）

以上の2冊を1次試験の学習と並行してコンプリート（知識は完璧に，演習は少なくとも3回）しておきましょう。

これができれば事例Ⅳ対策の基本が完成するのみならず，1次試験の財務・会計での高得点も期待できますので，まさに**一石二鳥**です。

② 事例Ⅰ・Ⅱ・Ⅲについて

2次試験でも知識は非常に重要です。ただし，1次試験が比較的「浅くて広い」知識を求められることに比べ，2次試験は「狭くて深い」知識を求められます。そこで，

『2次試験合格者の頭の中にあった全知識』（同友館）

を使用し，この本の中にある知識（9割以上1次試験のテキストに記述があります）は優先して**徹底的に理解と記憶**を図ってください。当然，上記①同様に1次試験対策にもなります。

少なくとも以上の①②を徹底しておけば，合格後に右往左往するようなことはなく，2次試験までの短期間で合格を目指すためのスタートダッシュが切れる状態に持っていけるでしょう。

※KECビジネススクールでは，著者の担当する本格的な2次対策無料体験講義（6時間）を開催しております。KECビジネススクールHPよりお申込みをお待ちしております。

過去問題演習①

〈平成25年度　第20問〉

解答・解説はp.208

次のデータに基づき，以下の設問に答えよ。

PBR	ROE	自己資本比率	配当性向	配当利回り
1.2	10%	60%	36%	3%

（設問1）

自己資本配当率（DOE）として，最も適切なものはどれか。

ア　3.6%

イ　7.2%

ウ　21.6%

エ　43.2%

（設問2）

PERとして，最も適切なものはどれか。

ア　2倍

イ　3.3倍

ウ　12倍

エ　40倍

過去問題演習②

〈平成23年度　第20問〉 解答・解説はp.210

次の文章とデータに基づいて，下記の設問に答えよ。

企業評価の手法には，バランスシート上の純資産価値に着目するアプローチのほか，DCF法や収益還元方式に代表される［A］アプローチ，PERやPBRといった評価尺度を利用する［B］アプローチなどがある。以下のデータに基づいて，［A］アプローチの1つである配当割引モデルによって株式価値評価を行うと，株式価値は［C］と計算される。また，PBRは［D］倍と計算される。

なお，自己資本コストはCAPMにより算出する。

・総資産簿価	1億円
・負債	6,000万円
・当期純利益	500万円
・予想1株あたり配当額	30円
・発行済み株式数	10万株
・株価	500円
・β値	2
・安全利子率	2%
・期待市場収益率	6%

（設問1）

略

（設問2）

文中の空欄Cに入る金額として最も適切なものはどれか。

ア　300円　　イ　500円　　ウ　750円　　エ　1,500円

（設問3）

文中の空欄Dに入る数値として最も適切なものはどれか。

ア　1.25　　イ　8　　ウ　10　　エ　16.67

過去問題演習①　解答・解説

〈平成25年度　第20問〉

次のデータに基づき，以下の設問に答えよ。

PBR	ROE	自己資本比率	配当性向	配当利回り
1.2	10%	60%	36%	3%

$\frac{価ソ}{本}$　$\frac{利}{本}$　$\frac{本}{産}$　$\frac{配}{利}$　$\frac{配}{価ソ}$

(設問1)

自己資本配当率（DOE）として，最も適切なものはどれか。

ア　3.6%（○）
イ　7.2%
ウ　21.6%
エ　43.2%

$\frac{配}{本}$　　ROE × 配当
10　36

(設問2)

PERとして，最も適切なものはどれか。

ア　2倍
イ　3.3倍
ウ　12倍（○）
エ　40倍

■解答へのステップ

本問は，資料に数種類の指標とその数値を与えられ，そこから指定された指標の数値を求める問題です。まず，すべての指標について書き出したうえで，共通する項目を見つけて組み合わせ計算します。選択肢を見ると桁や小数点の考慮は不要ですので，簡略化して計算します。

■解答フロー

❶ まずデータおよび設問の下部に指標を分解したものを書き入れます。

❷（設問1）「DOE」はあまり見かけない指標です。しかし，「自己資本配当率」という日本語から「配当額／自己資本×100」であることは理解できます。

❸ 分子の配当額・分母の自己資本が共通する指標は，ROE・配当性向・配当利回りの3つがあります。ROEの分子の当期純利益と配当性向の分母の当期純利益は掛ければ消去できますので，DOEが求まります。
桁は無視して10×36より，正解はアとなります。

❹（設問2）求める指標はPERですので，株価総額／当期純利益を求めます。

❺ 株価総額と当期純利益が共通する指標はPBRとROEです。分母の当期純利益が共通ですので，どちらかの逆数を掛けて消去します。
桁は無視して1.2×1／10より，正解はウとなります。

過去問題演習②　解答・解説

〈平成23年度　第20問〉

次の文章とデータに基づいて，下記の設問に答えよ。

企業評価の手法には，バランスシート上の純資産価値に着目するアプローチのほか，DCF法や収益還元方式に代表される［ A ］アプローチ，PERやPBRといった評価尺度を利用する［ B ］アプローチなどがある。以下のデータに基づいて，［ A ］アプローチの1つである配当割引モデルによって株式価値評価を行うと，株式価値は［ C ］と計算される。また，PBRは［ D ］倍と計算される。

なお，自己資本コストはCAPMにより算出する。

・総資産簿価	1億円	4,000
・負債	－6,000万円	
・当期純利益	500万円	
・予想1株あたり配当額	30円	
・発行済み株式数	10万株	
・株価	500円	
・β値	2	2+2（6−2）=10（6−2の下に8）
・安全利子率	2%	
・期待市場収益率	6%	

（設問1）

略

（設問2）

文中の空欄Cに入る金額として最も適切なものはどれか。

ア　300円　　イ　500円　　ウ　750円　　エ　1,500円

$\frac{30}{10}$

（設問3）

文中の空欄Dに入る数値として最も適切なものはどれか。

ア　1.25　　イ　8　　ウ　10　　エ　16.67

$\frac{500}{4,000} \times 10万$

■解答へのステップ

（設問2）は株式価値を，（設問3）はPBRを求める問題です。それぞれについて計算に必要な項目を資料から抜き出して計算します。選択肢を検討すると，桁や小数点は無視して大丈夫です。

■解答フロー

❶配当割引モデルでは割引率（自己資本コスト）と配当金額が必要になります，配当金額は資料に与えられていますので，30円に丸を入れます。自己資本コストはCAPMにより計算するため，必要な項目はβ値以下の3つなのでチェックを入れます。

❷CAPMは10，配当は30なので，正解はアとなります。

❸PBRを求めるには自己資本および株価総額が必要です。

❹総資産から負債を引くと，自己資本は4,000万円。株価500円に発行済み株式数10万を掛けると株価総額が求まります。桁は関係ないので10万は無視できます。分母が4で分子が5なので，正解はアとなります。

参考文献

武田隆二『簿記一般教程』中央経済社
武田隆二『会計学一般教程』中央経済社
大塚宗春・佐藤紘光『ベーシック財務管理』同文舘出版
山形休司『財務会計総論』中央経済社
森田松太郎『経営分析入門』日本経済新聞出版社
大津広一『戦略思考で読み解く経営分析入門』ダイヤモンド社
櫻井通晴『原価計算』同文舘出版
グロービス経営大学院『新版・グロービスMBAファイナンス』ダイヤモンド社
高野陽太郎『認知心理学』放送大学教育振興会
門田修平『シャドーイング・音読と英語コミュニケーションの科学』コスモピア
海保博之『人はなぜ誤るのか―ヒューマン・エラーの光と影』福村出版
波多朝『速算術入門』理工学社

■著者

平野 純一（ひらの じゅんいち）

立命館大学法学部卒。
「中小企業診断士」のほか「行政書士」「マンション管理士」「宅地建物取引主任者」「FP2級」「一般旅行業務取扱管理者」「日本語教育能力検定」など多くの資格を保有し，多数の資格試験受験で培われた経験と，最新の認知科学や行動経済学等の学術的見地に基づいた学習方法論を日々研究している。
KECビジネススクール立上げ時より2次対策主任講師および教務主任講師として「中小企業診断士」資格講座のカリキュラム策定や教材開発に携わる。徹底した試験研究に基づいた試験対策には定評があり，試験対策で悩む多くの受験生が全国から駆けつけている。

2023年4月6日　第1刷発行

中小企業診断士試験
新版 「財務・会計」速答テクニック

著　者　平 野 純 一
発行者　脇 坂 康 弘

〒113-0033 東京都文京区本郷3-38-1
発行所　株式会社 同友館
TEL.03(3813)3966
FAX.03(3818)2774
https://www.doyukan.co.jp/

落丁・乱丁本はお取り替えいたします。
西崎印刷／萩原印刷／松村製本所
ISBN 978-4-496-05641-3
Printed in Japan

無料講義映像のご案内

紙面の都合上取り上げられなかった「財務・会計」の過去問題についての解説，コラムや本書の新規論点についての解説など，全20時間程度の無料講義映像をご提供いたします。映像は，KECビジネススクールHPの動画チャンネルにあります。ぜひご覧ください！

http://www.kec.ne.jp/shindanshi/videochannel/

KEC 診断士 動画チャンネル 

【主な内容】

(1) 過去問解説

本書で取り上げなかった中小企業診断士1次試験「財務・会計」の過去問題について解説します。具体的な記入例を時系列に従って説明しますので理解が深まります。

(2) 基礎知識や新規論点の解説

スムーズな2次試験合格へつなげるための基礎知識の解説を行います。また，「仕訳の構造」等，本書での新規論点をさらに詳しく解説いたします。

(3) コラム詳説

学習法・記憶術・コンディション調整等，効率的な学習に必須の知識について具体例を交えながらわかりやすく解説します。